A Trilogia Tebana

Édipo Rei
Édipo em Colono
Antígona

A TRAGÉDIA GREGA

vol. 1 SÓFOCLES *A Trilogia Tebana*
Édipo Rei, Édipo em Colono,
Antígona

vol. 2 ÉSQUILO *Oréstia*
Agamêmnon, Coéforas, Eumênides

vol. 3 EURÍPIDES Medéia, Hipólito, As Troianas

vol. 4 ÉSQUILO Os Persas
SÓFOCLES Electra
EURÍPIDES Hécuba

vol. 5 EURÍPIDES Ifigênia em Áulis, As Fenícias,
As Bacantes

vol. 6 ÉSQUILO Prometeu Acorrentado
SÓFOCLES Ájax
EURÍPIDES Alceste

A COMÉDIA GREGA

vol. 1 ARISTÓFANES As Nuvens, Só para Mulheres,
Um Deus Chamado Dinheiro

vol. 2 ARISTÓFANES As Vespas, As Aves, As Rãs

vol. 3 ARISTÓFANES A Greve do Sexo,
A Revolução das Mulheres

SÓFOCLES

A Trilogia Tebana

Édipo Rei
Édipo em Colono
Antígona

Tradução do grego, introdução e notas de
Mário da Gama Cury

25ª reimpressão

Copyright © 1989 by Mário da Gama Cury

Reservados aos herdeiros do tradutor os direitos de representação teatral, de televisão, de radiofonia, fotomecânicos etc.

Grafia atualizada segundo o Acordo Ortográfico da Língua Portuguesa de 1990, que entrou em vigor no Brasil em 2009.

Capa
Carol Sá
Sérgio Campante

CIP-Brasil. Catalogação na fonte
Sindicato Nacional dos Editores de Livros, RJ

	Sófocles
S664t	A trilogia tebana: Édipo Rei, Édipo em Colono, Antígona / Sófocles; tradução do grego, introdução e notas de Mário da Gama Cury. – 1ª ed. – Rio de Janeiro: Zahar, 1990.
	ISBN: 978-85-7110-081-7
	1. Teatro grego (Tragédia). I. Kury, Mário da Gama. I. Título. II. Título: Édipo rei. III. Título: Édipo em Colono. IV. Título: Antígona. V. Série.

	CDD: 882
09-3308	CDU: 821.14'02-2

Todos os direitos desta edição reservados à
EDITORA SCHWARCZ S.A.
Praça Floriano, 19, sala 3001 – Cinelândia
20031-050 – Rio de Janeiro – RJ
Telefone: (21) 3993-7510
www.companhiadasletras.com.br
www.blogdacompanhia.com.br
facebook.com/editorazahar
instagram.com/editorazahar
twitter.com/editorazahar

Sumário

INTRODUÇÃO 7
O autor 7
As peças 7
A tradução 15
Notas 16

ÉDIPO REI 17
Notas 98

ÉDIPO EM COLONO 101
Notas 197

ANTÍGONA 199
Notas 259

Trabalhos publicados por
Mário da Gama Kury 261

INTRODUÇÃO

O AUTOR

Sófocles nasceu no ano de 496 a.C. em Colono, um subúrbio de Atenas.

Em 468, portanto aos 28 anos de idade, obteve sua primeira vitória num concurso trágico em que venceu Ésquilo, o mais velho dos três grandes tragediógrafos da Grécia clássica.

Durante sua longa vida Sófocles presenciou a expansão do império ateniense, seu apogeu com Péricles e finalmente sua decadência após a derrota na Sicília durante a Guerra do Peloponeso.

O poeta participou ativamente da vida política de sua pátria; foi tesoureiro-geral (*hellenotamias*[1]) de Atenas em 443/2 e foi eleito no mínimo duas vezes estratego (*strategôs*, comandante do exército em expedições militares[2]). Nessas atividades ele ficou muito aquém, em termos de renome, de sua excelência como poeta.

Sófocles compôs aproximadamente 123 peças teatrais e obteve 24 vitórias nos concursos trágicos; isto significa que 76 de suas obras foram premiadas; nos outros concursos de que participou obteve o segundo lugar, feitos jamais igualados na história literária de Atenas.

Desta vasta produção chegaram até nossos dias sete tragédias completas (*Aias, Antígona, Édipo Rei, Traquínias, Electra, Filoctetes* e *Édipo em Colono*), um drama satírico incompleto (*Os Sabujos*) e numerosos fragmentos de peças perdidas, conservados em obras de autores posteriores (páginas 131 a 360 dos *Tragicorum Graecorum Fragmenta* editados por Nauck).

Sófocles morreu em 406 em sua querida Colono, cujas belezas cantou nos versos 749 e seguintes do *Édipo em Colono*.

AS PEÇAS

1. Édipo Rei (representada pela primeira vez provavelmente em 430 a.C. em Atenas).

As vicissitudes de Édipo e de seus descendentes eram um dos temas preferidos pelos tragediógrafos gregos. Para citar somente os dramaturgos cujas obras

8 *A trilogia tebana*

sobreviveram, temos de Ésquilo (que também compôs um *Édipo* do qual nos restam fragmentos) os *Sete Chefes contra Tebas*, de Sófocles, o *Édipo Rei*, o *Édipo em Colono* e a *Antígona* (que não constituem uma trilogia propriamente dita por terem sido apresentados em datas diferentes), e de Eurípides as *Fenícias*. Somente os descendentes de Atreu, com Agamêmnon à frente, mereceram atenção equivalente, tendo sido o assunto de *Agamêmnon*, das *Coéforas* e das *Eumênides* de Ésquilo, da *Electra* de Sófocles, e da *Electra* e do *Orestes* de Eurípides.

Os antecedentes da lenda em que Sófocles se inspirou para compor o *Édipo Rei* (e as outras duas peças aqui apresentadas) são bem conhecidos, mas convém resumi-los para poupar a atenção dos leitores, que deve ser inteiramente dedicada ao desenrolar da tragédia, um primor de composição tanto do ponto de vista puramente literário como — e principalmente — teatral.

Laio (*Laios*), filho de Lábdaco (*Lábdacos*) nutrira em sua juventude uma paixão mórbida por Crísipo (*Crísipos*), filho de Pêlops, inaugurando assim, segundo alguns autores gregos, os amores homossexuais. Laio raptou Crísipo e foi amaldiçoado por Pêlops, que desejou a Laio o castigo de morrer sem deixar descendentes.[3] Posteriormente Laio casou-se com Jocasta (*Iocaste*), irmã de Creonte (*Crêon*), e tornou-se rei de Tebas. Apesar de um oráculo haver-lhe anunciado que, como castigo por seus amores antinaturais com Crísipo, se nascesse um filho dele e de Jocasta esse filho o mataria, Laio tornou-se pai de um menino. Para tentar fugir à predição do oráculo, mandou Jocasta dar o recém-nascido a um dos pastores de seus rebanhos, após perfurar-lhe os pés e amarrá-los. A ordem foi abandoná-lo no monte Citéron (*Citáiron*) para morrer naquela região inóspita, na esperança de fugir assim à decisão divina. O pastor, entretanto, movido pela piedade, salvou a vida do filho de Laio e de Jocasta e o entregou a um companheiro de profissão, que costumava levar os rebanhos de Pôlibo (*Pôlibos*), rei de Corinto, às pastagens situadas no vale do Citéron. Esse pastor levou o menino, chamado Édipo em alusão a seus pés feridos e inchados (*Oidípous* = Pés Inchados), a seu senhor, o rei Pôlibo, que não tinha filhos e vivia lamentando-se por isso. Pôlibo e sua mulher Mérope criaram Édipo como se fosse filho deles. Quando Édipo chegou à maioridade foi insultado por um habitante de Corinto, embriagado, que o chamou de filho adotivo. Diante dessa revelação Édipo se dirigiu sozinho a Delfos, para consultar o oráculo de Apolo (*Apólon*) a respeito de sua ascendência. O deus nada lhe disse quanto à sua pergunta, mas revelou-lhe que ele um dia mataria seu pai e se casaria com sua própria mãe. Édipo, supondo que Pôlibo fosse seu pai e Mérope fosse sua mãe, resolveu não voltar jamais a Corinto. Naquela época os habitantes de Tebas estavam alarmados com a Esfinge, que vinha devorando os tebanos, incapazes de decifrar os enigmas propostos pelo monstro, pondo em perigo a cidade toda. Em sua fuga ele passava pelos arredores de Tebas quando, em uma encruzilhada de três caminhos, avistou um carro em que vinha um homem idoso seguido por criados. O homem gritou-lhe insolentemente que deixasse o caminho livre para seus cavalos passarem e um dos criados da comitiva espancou Édipo. Este reagiu e matou o homem que vinha no carro, sem saber que se tratava de Laio, seu pai, e os criados que o acompanhavam, à exceção de um, que fugiu. Em seguida Édipo chegou a Tebas e, passando pela calamitosa Esfinge, decifrou o enigma que esta lhe propôs. A Esfinge desapareceu e Tebas, salva daquele flagelo, fez de Édipo o rei da cidade e lhe deu em casamento Jocasta, viúva de Laio e, portanto, mãe de Édipo. Estavam assim realizadas as duas predições do oráculo, embora Édipo e Jocasta permanecessem na ignorância da imensidade de seu infortúnio. Por muitos anos Édipo governou Tebas como um grande e valente rei; de seu casamento com Jocasta nasceram duas filhas — Antígona (*Antigone*) e Ismene — e dois filhos — Polinices (*Polineices*) e Etéocles —, que cresciam em meio à paz e à prosperidade aparentemente presentes no palácio real. Os deuses, todavia, estavam atentos aos fatos nefandos resultantes da desobediência aos seus oráculos, e no devido tempo fizeram tombar sobre Tebas uma peste que lhe dizimava os habitantes. Compelido pela calamidade, Édipo enviou seu cunhado Creonte a Delfos a fim de consultar o oráculo sobre as causas da peste e os meios de contê-la. Nesse ponto começa o *Édipo Rei*.

A peça gira em torno da descoberta por Édipo dos fatos terríveis que motivaram o castigo divino — a peste. Sob certos aspectos o *Édipo Rei* pode ser considerada a primeira peça policial conhecida. Com efeito, a partir da volta de Creonte com a resposta do oráculo, há um crime — o assassínio de Laio —, um investigador interessado em elucidá-lo e punir o culpado, a busca às testemunhas, ao assassino, interrogatório e finalmente a descoberta do criminoso. E a descoberta resulta quase inteiramente da insistência do próprio criminoso em elucidar os fatos. Édipo, que já mandara Creonte, seu cunhado, consultar o oráculo, desencadeando os acontecimentos que levariam à identificação do culpado, manda buscar o adivinho Tirésias (*Teiresias*) e o obriga a falar, apesar da relutância do velho profeta. Insistindo sempre em seu propósito, Édipo dá ordens para trazerem à sua presença o idoso pastor, testemunha em sua juventude do assassinato de Laio. Levado por essa obstinação em descobrir o assassino — em descobrir-se — Édipo chega a pensar num conluio de Tirésias e Creonte para destituí-lo do poder. Essa acusação obriga Creonte a aparecer para defender-se, dando origem a uma discussão que resulta na interferência de Jocasta, interferência esta que apressa a descoberta. Tudo isso ocorre dentro de um encadeamento perfeito. Os acontecimentos surgem uns dos outros com a naturalidade da vida real, embora com a precisão, a força e a beleza da arte, que nas mãos de Sófocles e no *Édipo Rei* chega à perfeição. O único elemento fortuito dessa sequência de acontecimentos encadeados é o aparecimento do mensageiro vindo de Corinto, puramente acidental mas de grande importância, pois foi a sua revelação, com a melhor das intenções, de que Édipo não era filho de Pôlibo e de Mérope, que precipitou a descoberta. Essa exceção, todavia, parece destinar-se a demonstrar que, ao lado da inexorável justiça divina, o acaso, sob a aparência dos fatos simples da vida, concorre igualmente para a descoberta e punição dos culpados. Também nesse detalhe Sófocles foi genial.

O *Édipo Rei*, entretanto, é muito mais que uma simples peça policial; é talvez a mais bela de todas as tragédias gregas e, certamente, uma das mais perfeitas de todos os tempos.

Um dos juízes mais severos — Aristóteles — elogia de tal forma o *Édipo Rei* que, embora não o diga expressamente, demonstra considerá-la a tragédia por excelência, tantas são as referências feitas à mesma. Vale a pena citar os trechos da *Poética* relativos à peça.

a) "*Peripécia* é a mudança, dentro da peça, de um estado de coisas para o seu oposto, de acordo com nossa descrição, sendo essa mudança, além do mais, como estávamos dizendo, provável ou inevitável. Por exemplo, o mensageiro no *Édipo*, que veio para alegrar o rei e livrá-lo da ansiedade a respeito de sua mãe, revelando-lhe seu verdadeiro parentesco, e fez exatamente o contrário." *Poética*, 1452 a 23 e seguintes.

b) "A espécie por excelência de descoberta é a que coincide com a peripécia, como a relacionada com a descoberta no *Édipo*." 1452 a 32 e seguintes.

c) "Essa é a espécie de homem que não é essencialmente virtuoso e justo e, todavia, não é por maldade ou vilania intrínsecas que ele cai em desgraça; é antes por um erro de discernimento, sendo ele um dos que ocupam altas posições e desfrutam de grande prosperidade, como Édipo." 1453 a 9 e seguintes; Aristóteles refere-se ao herói para uma tragédia.

d) "O medo e a piedade às vezes resultam do espetáculo, e às vezes são suscitados pela estrutura mesma e pelos incidentes da peça, que são o melhor meio para mostrar o melhor poeta. Com efeito, o enredo deve ser armado de tal forma que, mesmo sem ver os fatos desenrolarem-se, aquele que simplesmente ouve o seu relato fique tocado pelo terror e pela piedade diante dos incidentes. É justamente esse efeito que a simples recitação do *Édipo* produz sobre nós." 1453 b 1 e seguintes.

e) "Ou eles (os protagonistas) podem praticar os atos, mas sem perceber o horror inerente aos mesmos, descobrindo isso mais tarde, como acontece no *Édipo* de Sófocles." 1453 b 29 e seguintes.

f) "Nada deve haver de improvável nos incidentes presentes. Se isso for inevitável, que seja então fora da tragédia, como as improbabilidades no *Édipo* de Sófocles." 1454 b 6 e seguintes.

g) "A melhor descoberta, todavia, é a resultante dos próprios incidentes, quando a grande surpresa sobrevém por meio de um incidente plausível, como no *Édipo* de Sófocles." 1455 a 16 e seguintes.

h) "O efeito mais concentrado é mais agradável que o resultante do recurso a longos intervalos de tempo para diluir a ação; veja-se, por exemplo, o *Édipo* de Sófocles." 1462 b 1 e seguintes.

O *Édipo Rei* de Sófocles é, portanto, a mais típica das tragédias gregas, e por isso é uma das mais citadas por Aristóteles em apoio às suas definições e concepções. Também se pode dizer que esta peça ocupa um lugar à parte em relação às demais tragédias, como uma tragédia por si mesma, "eine Tragödie seiner eignen Gattung" segundo Goethe (citado por Campbell em sua edição de Sófocles, página 111 do primeiro volume, Oxford, Clarendon Press, 1879, segunda edição). Ainda segundo Campbell, essa singularidade reside no perfeito uso dos vários elementos de arte trágica grega, que em outras peças, mesmo de Sófocles, não são desenvolvidos em toda a sua potencialidade.

Essa perfeição transparece em cada detalhe. Pode-se dizer que no *Édipo Rei* cada verso tem um propósito. Tal cuidado na composição impõe aos leitores, para a fruição completa da peça, a obrigação de uma leitura cuidadosa, com a atenção concentrada continuamente no desenrolar dos acontecimentos e, principalmente, na feitura, na carpintaria da tragédia e em suas qualidades literárias que, se a tradução não impedir, transparecerão do princípio ao fim, desde o cuidado com a linguagem de cada verso até a harmonia do conjunto. Talvez a preocupação perfeccionista de Sófocles no *Édipo Rei* se deva, ao menos em parte, à brutalidade do tema. O autor, com seu senso estético extraordinário, deve ter intuído que somente um tratamento artístico adequado evitaria que a peça descambasse para o escabroso. E atingiu o seu objetivo, pois apesar do tema o *Édipo Rei* é um verdadeiro impacto de beleza trágica.

2. Édipo em Colono (representada pela primeira vez em 401 a.C., postumamente, em Atenas).

Os antecedentes do *Édipo em Colono* estão em grande parte no *Édipo Rei*. Depois de cegar-se perfurando os olhos quando descobriu a enormidade de sua desgraça, Édipo continuou a viver em Tebas, onde Etéocles e Polinices, seus filhos, disputavam o trono da cidade. Absorvidos por suas ambições, os dois mostraram-se insensíveis em relação ao imenso infortúnio do pai, que por causa disso os amaldiçoou. Revoltados, Etéocles e Polinices expulsaram Édipo de Tebas, e ele, após perambular pela Grécia como mendigo, guiado por sua filha Antígona, chegou afinal às imediações de um bosque em Colono, localidade próxima a Atenas, consagrado às Eumênides. A ação da peça inicia-se nesse momento. Édipo pressentiu que chegara ao lugar, anunciado pelo oráculo, onde findariam as suas provações. O infeliz herói deteve-se lá com Antígona e pediu asilo a Teseu (*Teseus*), rei de Atenas, prometendo-lhe, em compensação, proteger a cidade a partir de então contra qualquer agressão proveniente de Tebas. Nesse ínterim Ismene vem juntar-se ao pai e à irmã. Pouco tempo depois da chegada de Édipo, Creonte, informado por um oráculo de que a terra onde repousasse o cadáver de seu infeliz cunhado seria abençoada pelos deuses, aparece no local com um contingente de soldados tebanos e tenta levá-lo de volta a Tebas. A proteção de Teseu frustra os propósitos de Creonte, que se retira prometendo vingar-se de Atenas. Em seguida aparece Polinices, que se preparava para uma expedição contra Tebas, cujo trono pretendia tomar de Etéocles, seu irmão e usurpador do poder real. A intenção de Polinices era atrair a proteção dos deuses para sua causa, se Édipo se decidisse a apoiá-lo. Diante do fracasso de sua tentativa Polinices retira-se pedindo a Antígona que, se ela voltasse a Tebas, lhe desse uma sepultura condigna no caso de sua morte, estabelecendo assim uma ligação com a terceira peça da "trilogia" (a *Antígona*). Édipo reitera a maldição aos filhos e profetiza que os dois irmãos se matariam um ao outro, insistindo em permanecer no lugar a que chegara e onde obtivera o apoio de Teseu. Ouvindo em seguida o trovão de Zeus, que segundo o oráculo prenunciaria a hora de sua morte, Édipo parte para o local onde sabia que deixaria o mundo dos vivos. Acompanha-o até o último momento apenas Teseu, a quem o herói pede que guarde segredo absoluto a respeito do local em que desapareceria, como condição para a felicidade de Atenas. Édipo some misteriosamente em direção às profundezas da terra. Suas filhas, que não presenciaram o acontecimento, depois de uma tentativa inútil de convencer Teseu a mostrar-lhes o túmulo do pai pedem ao rei de Atenas para mandá-las de volta a Tebas, onde tentariam evitar a luta em que seus dois irmãos se matariam.

Todo o enredo da peça, como aliás de outras da "trilogia", obedece à tradição épica consolidada na *Tebaida* (poema de que restam apenas fragmentos), seguida também por Ésquilo e por Eurípides.

O *Édipo em Colono* foi escrito por Sófocles pouco tempo antes de sua morte e apresentado postumamente por um neto do poeta em 401, obtendo o primeiro lugar no concurso trágico a que concorreu.

O longo período de tempo decorrido entre a composição do *Édipo Rei* e da *Antígona*, de um lado, e do *Édipo em Colono*, de outro (cerca de 35 anos no caso da *Antígona* e cerca de 24 no caso do *Édipo Rei*) deixou marcas na última peça de Sófocles. De fato, o *Édipo em Colono* é uma peça prolixa (o mais longo de todos os dramas gregos conservados) e às vezes até repetitiva, mas, embora lhe faltem a severidade e a concentração do *Édipo Rei* e mesmo da *Antígona*, ainda assim não desmerece a genialidade de Sófocles. Com efeito, no *Édipo em Colono* o poeta usa mais os meios externos para produzir piedade e temor, e recorre mais obviamente a efeitos visuais e auditivos, passando a ser, em linguagem moderna, mais melodramático e menos trágico. Há também apelos frequentes ao espetacular, como a retirada de Édipo do local consagrado às deusas, sua ida para o bosque a fim de ocultar-se, os movimentos ameaçadores do coro, a intercessão de Antígona e sua subsequente captura em cena, a tentativa de Creonte de levar Édipo à força consigo, os gestos do velho cego quando suas duas filhas lhe são devolvidas, o apelo das irmãs a Polinices, e depois a seu pai. Deve-se mencionar também o recurso a meios acústicos e luminosos (trovões e relâmpagos).[4] Outro aspecto marcante no *Édipo em Colono* é que a peça não termina num desastre, e sim na reconciliação entre o herói infeliz e os deuses, com a mudança da má sorte para a boa sorte. A falta de um ponto culminante natural de interesse dramático, oriunda da própria fabulação, torna o drama inevitavelmente episódico.

Mas, mesmo ficando às vezes aquém das culminâncias insuperáveis do *Édipo Rei*, Sófocles continua a ser o artista supremo. O *Édipo em Colono* difere do *Édipo Rei*, mas não é menos interessante que ele.

3. Antígona (representada pela primeira vez em 441 a.C., em Atenas).

Após a morte de Édipo em Colono, Antígona retornou com Ismene a Tebas, onde seus irmãos Etéocles e Polinices disputavam a sucessão do pai no trono da cidade. Os dois haviam chegado a um acordo segundo o qual se revezariam por períodos de um ano, a começar por Etéocles. Este, porém, transcorrido o primeiro período combinado, não quis ceder o lugar a Polinices, que se retirou dominado pelo rancor para a cidade de Argos — rival de Tebas; lá, após casar-se com a filha do rei Adrasto (*Àdrastos*), pleiteou e obteve apoio deste à sua ideia de obrigar Etéocles, pela força das armas, a entregar-lhe o trono de conformidade com o pactuado. Adrasto pôs à disposição de Polinices um forte exército. Etéocles, conhecendo os preparativos do irmão, aprontou a cidade para enfrentar os inimigos e incumbiu sete chefes tebanos de defender as sete portas da cidade em oposição aos sete chefes argivos, reservando para si mesmo o encargo de enfrentar Polinices. Após renhida luta os sete chefes tebanos e os outros tantos argivos entremataram-se; Etéocles e Polinices tombaram mortos um pela mão do outro. Creonte, irmão de Jocasta e tio de Antígona, assumiu então o poder, e seu primeiro ato após subir ao trono foi proibir o sepultamento de Polinices, sob pena de morte para quem o tentasse, enquanto ordenava funerais de herói para Etéocles, morto em defesa da cidade pelo irmão que o atacava.

A peça inicia-se ao amanhecer do dia seguinte à noite em que os invasores argivos haviam sido finalmente derrotados.

O tema principal da *Antígona* é um choque do direito natural, defendido pela heroína, com o direito positivo, representado por Creonte. Ao longo da peça, porém, surgem ainda os temas do amor, que leva Hêmon (filho de Creonte) ao suicídio; do orgulho, que leva Creonte ao desespero; do protesto dos jovens contra a prepotência dos pais.

A decisão de Antígona de conceder as honras fúnebres a Polinices apesar do edito proibitivo de Creonte, movida pela convicção de que *seu* direito era mais válido, é o eixo em torno do qual gira a maior parte da peça.

Nesse drama de rara beleza poética que, segundo Brecht (*Notas sobre a adaptação da* Antígona, página 74, volume X do *Teatro Completo*, Paris, L'Arche, 1962), se inclui entre os maiores poemas do Ocidente, Sófocles levantou, como dissemos acima, questões fundamentais para o espírito humano, principalmente a do limite da autoridade do Estado sobre a consciência individual, e a do conflito entre as leis da consciência — não escritas — e o direito positivo. A sua *Antígona* é o primeiro grito de protesto contra a onipotência dos governantes e a prepotência dos adultos (quanto a este último aspecto, veja-se o áspero diálogo entre Creonte e Hêmon, principalmente os versos 816/817 e 828/829). Nela Creonte encarna o dever de obediência às leis do Estado, e a heroína simboliza o dever de dar ouvidos à própria consciência. Esta obra de Sófocles é o único exemplo em que o tema central de um drama grego é um problema prático de conduta, envolvendo aspectos morais e políticos, que poderiam ser discutidos, com fundamentos e interesse idênticos, em qualquer época e país.

Jebb, na introdução à sua edição comentada da *Antígona*, coloca o tema central da peça em termos precisos, que resumem o seu conflito marcante:

"Da mesma forma que Creonte ultrapassou o limite devido quando, em seu edito, infringiu a lei divina, Antígona também o ultrapassou ao desafiar o edito. O drama seria, então, o conflito entre duas pessoas, cada uma das quais defende um princípio intrinsecamente sadio, mas o defende erradamente; e ambas, portanto, devem ser castigadas." E finaliza citando Hegel (*Religionsphilosophie*, II, 114): "Do ponto de vista da Justiça Eterna, ambas estavam erradas, porque agiam unilateralmente, mas ao mesmo tempo ambas estavam certas." (R. C. Jebb, *Antígona*, página XXI da terceira edição, Cambridge, 1928).

O mesmo Jebb, em seus *Essays and Addresses* (página 31, Cambridge, 1907), sintetiza o problema de maneira ainda mais feliz:

"Mas a questão não é um simples conflito entre a lei do Estado e os deveres religiosos; é um conflito entre a lei do Estado imposta com excessivo rigor, e uma afeição natural colocada acima das leis. Creonte está certo na letra e errado no espírito; Antígona está certa no espírito e errada na letra."

E conflitos desse gênero constituem a essência do trágico, de conformidade com a observação de Hegel em sua *Estética* (tradução de Ch. Bénard, segunda edição, página 521, Paris, 1875):

"O trágico, originariamente, consiste em que, no círculo da colisão, as duas partes opostas, consideradas isoladamente, têm um *direito* por si mesmas. Por outro lado, só podendo realizar o que há de verdadeiro e positivo em seu objetivo e seu caráter como negação e violação da outra força igualmente justa, elas serão levadas, malgrado sua moralidade ou antes por causa dela, a cometer faltas."

Filósofos e juristas, desde Aristóteles até Giorgio del Vecchio, têm citado a *Antígona* em apoio às suas teses. O filósofo grego, por exemplo, menciona a peça nas seguintes passagens de sua *Retórica*:

Introdução **15**

1373 b 6 e seguintes: "Pois realmente há, como todos de certo modo intuem, uma justiça e uma injustiça naturais, compulsórias para todas as criaturas humanas, mesmo para as que não têm associação ou compromisso com as outras. É isso que a *Antígona* de Sófocles claramente quer exprimir quando diz que o funeral de Polinices era um ato justo apesar da proibição; ela pretende dizer que era justo por *natureza*:

"...não é de hoje, não é de ontem,
é desde os tempos mais remotos, que elas vigem
sem que ninguém possa dizer quando surgiram."

(versos 518/520 desta tradução).

1375 a 31 e seguintes: "Devemos enfatizar que os princípios da equidade são permanentes e imutáveis, e que a lei universal tampouco muda, pois se trata da lei natural, ao passo que as leis escritas muitas vezes mudam. Esse é o significado dos versos da *Antígona* de Sófocles, onde Antígona defende que, ao enterrar seu irmão, violou as leis de Creonte, mas não violou as leis não escritas."

Mais de 2.000 anos depois Giorgio del Vecchio, em sua *Filosofia do Direito* (tradução francesa, Paris, 1935), ainda recorre a Sófocles para ilustrar ideias semelhantes:

"Da mesma forma que a *Antígona* de Sófocles, por exemplo, invoca altivamente as leis naturais contra as ordens de um poder arbitrário, sempre houve consciências humanas para afirmar e reivindicar as razões da verdadeira justiça contra a violência, embora esta se revestisse de todas as formas da legalidade." (Página 17). E: "É bem conhecido o exemplo da *Antígona* de Sófocles, que invoca contra a tirania as *leis não escritas*, superiores às leis escritas." (p.412)

A TRADUÇÃO

Em 1966 a Editora Civilização Brasileira publicou minha primeira tradução do *Édipo Rei* (em prosa), atualmente esgotada. A presente tradução em verso aparece pela primeira vez.

A tradução do *Édipo em Colono* é inédita, tendo sido feita especialmente para esta edição.

A tradução da *Antígona* é uma revisão da publicada em 1970 pela Civilização Brasileira, também esgotada.

Em todas as peças consultei, sem exclusividade, a edição do texto grego de A. C. Pearson na coleção "Scriptorum Classicorum Bibliotheca Oxoniensis", Oxford, Clarendon Press, 1924 (reimpressão de 1946). Recorri também com frequência às edições comentadas de Lewis Campbell (Oxford, 1879, segunda edição) e de R. C. Jebb (Cambridge, University Press, várias datas). Foram-me úteis, também, as edições de Paul Masqueray (Paris, Les Belles Lettres, 1942) e de Paul Mazon (Paris, mesma editora, 1967).

Em minha tradução esforcei-me ao máximo por seguir fielmente o texto grego, inclusive nas variações métricas. De um modo geral mantive na tradução as repetições constantes do original, de certo modo frequentes em Sófocles como recurso estilístico para sublinhar certas ideias ou sentimentos.

Da mesma forma que, retomando um trabalho já feito com enorme prazer há alguns anos no caso do *Édipo Rei* e da *Antígona*, descobri novas e insuspeitadas belezas no original, estou certo de que, se ainda voltar um dia a Sófocles, haverá novas descobertas, pois o poeta genial guarda sempre surpresas em seus versos eternos.

Rio, maio de 1989
MÁRIO DA GAMA KURY

NOTAS À *INTRODUÇÃO*

1. As palavras gregas são transliteradas em caracteres latinos para facilitar a composição tipográfica e a compreensão do leitor não afeito à língua grega.

2. Nos versos 1692/1693 do *Édipo em Colono*, Sófocles, por meio de Polinices, fala a linguagem de um estratego.

3. Esse detalhe entrelaça as famílias dos Labdácidas e dos Atridas — as preferidas dos tragediógrafos gregos —, pois Pêlops era pai de Atreu e, portanto, avô de Agamêmnon.

4. Cabe aqui conjecturar que Aristóteles talvez estivesse comparando o *Édipo em Colono* com o *Édipo Rei* quando diz (na *Poética*, 1453 b 1 e seguintes) que o medo e a piedade às vezes resultam do espetáculo, e às vezes são suscitados pela estrutura mesma e pelos incidentes da peça, que são o melhor meio de provocar esses sentimentos.

ÉDIPO REI

Época da ação: idade heroica da Grécia.
Local: Tebas.
Primeira representação: 430 a.C., em Atenas (data aproximada).

PERSONAGENS

ÉDIPO, rei de Tebas
JOCASTA, mulher de Édipo
CREONTE, irmão de Jocasta
TIRÉSIAS, velho adivinho
SACERDOTE
MENSAGEIRO
PASTOR
CRIADO
CORIFEU
CORO de anciãos tebanos

FIGURANTES MUDOS

MENINO, guia de Tirésias
SUPLICANTES
CRIADOS e CRIADAS

Cenário

Praça fronteira ao palácio real em Tebas. Ao fundo, no horizonte, o monte Citéron.

Em frente a cada porta do palácio há um altar. Sobre os altares veem-se ramos de loureiro e de oliveira trazidos por numerosos tebanos, ajoelhados nos degraus dos altares como suplicantes.

No meio deles, em pé, vê-se um ancião, o SACERDOTE de Zeus. Abre-se a porta principal do palácio. Aparece ÉDIPO, com seu séquito, que se dirige aos suplicantes em tom paternal.

Queima-se incenso nos altares.

ÉDIPO

Meus filhos, nova geração do antigo Cadmo,[1]
por que permaneceis aí ajoelhados
portando os ramos rituais de suplicantes?
Ao mesmo tempo enche-se Tebas da fumaça
de incenso e enche-se também de hinos tristes   5
e de gemidos. Não reputo justo ouvir
de estranhas bocas, filhos meus, as ocorrências,
e aqui estou, eu mesmo, o renomado Édipo.

Dirigindo-se ao SACERDOTE de Zeus.

Vamos, ancião, explica-te! Por tua idade
convém que sejas porta-voz de todos eles.   10

Dirigindo-se a todos.

Por que essa atitude? Que receio tendes?
Que pretendeis? Apresso-me em assegurar-vos
que meu intuito é socorrer-vos plenamente;
se não me sensibilizassem vossas súplicas
eu estaria então imune a qualquer dor.   15

SACERDOTE

Édipo, rei de meu país, vês como estamos
aglomerados hoje em volta dos altares

fronteiros ao palácio teu; somos pessoas
de todas as idades; uns ainda frágeis
para maiores voos, envelhecidos outros   20
ao peso de anos incontáveis já vividos;
alguns são sacerdotes, como eu sou de Zeus;
aqueles são a fina flor da mocidade;
enfim contemplas todo o povo desta terra
presente em praça pública e trazendo ramos   25
trançados em coroas, gente rodeando[2]
os templos gêmeos da divina Palas, onde[3]
o deus Ismênio profetiza pelo fogo.[4]
Tebas, de fato, como podes ver tu mesmo,
hoje se encontra totalmente transtornada   30
e nem consegue erguer do abismo ingente de ondas
sanguinolentas a desalentada fronte;
ela se extingue nos germes antes fecundos
da terra, morre nos rebanhos antes múltiplos
e nos abortos das mulheres, tudo estéril.   35
A divindade portadora do flagelo[5]
da febre flamejante ataca esta cidade;
é a pavorosa peste que dizima a gente
e a terra de Cadmo antigo, e o Hades lúgubre[6]
transborda de nossos gemidos e soluços.   40
Não te igualamos certamente à divindade,
nem eu nem os teus filhos que cercamos hoje
teu lar, mas te julgamos o melhor dos homens
tanto nas fases de existência boa e plácida
como nos tempos de incomum dificuldade   45
em que somente os deuses podem socorrer-nos.
Outrora libertaste a terra do rei Cadmo
do bárbaro tributo que nos era imposto
pela cruel cantora, sem qualquer ajuda[7]
e sem ensinamento algum de nossa parte;   50
auxiliado por um deus, como dizemos
e cremos todos, devolveste-nos a vida.
E agora, Édipo, senhor onipotente,
viemos todos implorar-te, suplicar-te:
busca, descobre, indica-nos a salvação,   55
seja por meio de mensagens de algum deus,
seja mediante a ajuda de um simples mortal,
pois vejo que os conselhos de homens mais vividos
são muitas vezes oportunos e eficazes.

Vamos, mortal melhor que todos, exortamos-te: 60
livra nossa cidade novamente! Vamos!
Preserva tua fama, pois vemos em ti
por teu zelo passado nosso redentor!
Jamais pensemos nós que sob o reino teu
fomos primeiro salvos e depois perdidos!   65
Não! Salva Tebas hoje para todo o sempre!
Com bons augúrios deste-nos, na vez primeira,
ventura até há pouco tempo desfrutada.
Mostra-te agora igual ao Édipo de outrora!
Se tens de ser o governante desta terra,   70
que é tua, é preferível ser senhor de homens
que de um deserto; nem as naus, nem baluartes
são coisa alguma se vazios, sem ninguém.

ÉDIPO

Ah! Filhos meus, merecedores de piedade!
Sei os motivos que vos fazem vir aqui;   75
vossos anseios não me são desconhecidos.
Sei bem que todos vós sofreis mas vos afirmo
que o sofrimento vosso não supera o meu.
Sofre cada um de vós somente a própria dor;
minha alma todavia chora ao mesmo tempo   80
pela cidade, por mim mesmo e por vós todos.[8]
Não me fazeis portanto levantar agora
como se eu estivesse entregue ao suave sono.
Muito ao contrário, digo-vos que na verdade
já derramei sentidas, copiosas lágrimas.   85
Meu pensamento errou por rumos tortuosos.
Veio-me à mente apenas uma solução,
que logo pus em prática: mandei Creonte,
filho de Meneceu, irmão de minha esposa,
ao santuário pítico do augusto Febo[9]   90
para indagar do deus o que me cumpre agora
fazer para salvar de novo esta cidade.
E quando conto os muitos dias transcorridos
desde a partida dele, sinto-me inquieto
com essa demora estranha, demasiado longa.   95
Mas, quando ele voltar, eu não serei então
um homem de verdade se não fizer tudo
que o deus ditar por intermédio de Creonte.

> *Os anciãos do* CORO, *que se haviam agrupado em volta de* ÉDIPO *enquanto ele falava, fazem um gesto indicando alguém que se aproxima.*

SACERDOTE

Sim, vejo que falaste a tempo; neste instante
apontam-me Creonte; ei-lo de volta, enfim.   100

> *Entra* CREONTE, *apressado, coroado de bagas de loureiro, com aspecto alegre.*

ÉDIPO

Traga-nos ele, deus Apolo, a salvação
resplandecente como seu próprio semblante!

SACERDOTE

Ele parece alegre; as bagas de loureiro[10]
em forma de coroa são um bom sinal.

ÉDIPO

Ele já pode ouvir-nos; logo o escutaremos.   105

> *Dirigindo-se a* CREONTE.

Filho de Meneceu, príncipe, meu cunhado,
transmite-nos depressa o que te disse o deus!

CREONTE

Foi favorável a resposta, pois suponho
que mesmo as coisas tristes, sendo para bem,
podem tornar-se boas e trazer ventura.   110

ÉDIPO

Mas, que resposta ouviste? Estas palavras tuas
se por um lado não me trazem mais temores
por outro são escassas para dar-me alívio.

CREONTE

Indicando os tebanos ajoelhados.

Se é teu desejo ouvir-me na presença deles
disponho-me a falar. Ou levas-me a palácio?   115

ÉDIPO

Quero que fales diante dos tebanos todos;
minha alma sofre mais por eles que por mim.

CREONTE

Revelarei então o que ouvi do deus.
Ordena-nos Apolo com total clareza
que libertemos Tebas de uma execração   120
oculta agora em seu benevolente seio,
antes que seja tarde para erradicá-la.

ÉDIPO

Como purificá-la? De que mal se trata?

CREONTE

Teremos de banir daqui um ser impuro
ou expiar morte com morte, pois há sangue   125
causando enormes males à nossa cidade.

ÉDIPO

Que morte exige expiação? Quem pereceu?

CREONTE

Laio, senhor, outrora rei deste país,
antes de seres aclamado soberano.

ÉDIPO

Sei, por ouvir dizer, mas nunca pude vê-lo.   130

CREONTE

Ele foi morto: o deus agora determina
que os assassinos tenham o castigo justo,
seja qual for a sua posição presente.

ÉDIPO

Onde os culpados estarão? Onde acharemos
algum vestígio desse crime muito antigo? 135

CREONTE

Em nossa terra, disse o deus; o que se busca
encontra-se, mas foge-nos o que deixamos.

ÉDIPO

Foi no palácio, foi no campo ou em terra estranha
que assassinaram Laio como nos falaste?

CREONTE

Disse ele, quando foi, que ia ouvir o deus 140
e nunca mais voltou aos seus, à sua terra.

ÉDIPO

Nenhum arauto ou companheiro de viagem
viu algo que pudesse orientar-nos hoje?

CREONTE

Todos estão agora mortos, salvo um
que desapareceu com medo e pouco disse. 145

ÉDIPO

Que disse? É pouco, mas um mínimo detalhe
talvez nos leve a descobertas decisivas
se nos proporcionar um fio de esperança.

CREONTE

Falou que alguns bandidos encontraram Laio
e o trucidaram, não com a força de um só homem   150
pois numerosas mãos se uniram para o crime.

ÉDIPO

Como teria ousado tanto o malfeitor
sem conspirata em Tebas e sem corrupção?

CREONTE

Tivemos essa ideia, mas após o crime
nenhum de nós em meio a males mais prementes   155
pôde cuidar naquela hora de vingá-lo.

ÉDIPO

Que males, no momento em que o poder caía,
vos impediram de aclarar o triste evento?

CREONTE

A Esfinge, entoando sempre trágicos enigmas,
não nos deixou pensar em fatos indistintos;   160
outros, patentes, esmagavam-nos então.

ÉDIPO

Pois bem; eu mesmo, remontando à sua origem,
hei de torná-los evidentes sem demora.
Louve-se Febo, sejas tu também louvado
pelos cuidados que tiveste quanto ao morto;   165
verás que vou juntar-me a ti e secundar-te
no esforço para redimir nossa cidade.
E não apagarei a mácula por outrem,
mas por mim mesmo: quem matou antes um rei   170
bem poderá querer com suas próprias mãos
matar-me a mim também; presto um serviço a Laio
e simultaneamente sirvo à minha causa.

Dirigindo-se aos tebanos ajoelhados.

Vamos depressa, filhos! Vamos, levantai-vos
desses degraus! Levai convosco os vossos ramos   175
de suplicantes; quando decorrer o tempo
reúna-se de novo aqui a grei de Cadmo
e dedicar-me-ei de todo ao meu intento.
Querendo o deus, quando voltarmos a encontrar-nos[11]
teremos satisfeito este nosso desejo,   180
pois o contrário será nossa perdição.

SACERDOTE

Sim, filhos meus, ergamo-nos; foi para isso
que aqui nos reunimos todos neste dia.
E possa Febo, inspirador das predições,
juntar-se a nós, ele também, para salvar-nos   185
e nos livrar deste flagelo para sempre!

> Retiram-se ÉDIPO, CREONTE, o SACERDOTE e o povo. Permanece em cena
> o CORO, composto de anciãos, cidadãos notáveis de Tebas.

CORO

Doce palavra de Zeus poderoso,[12]
que vens trazendo da faustosa Delfos
à ilustre Tebas? Tenho meu espírito
tenso de medo; tremo de terror,   190
deus salutar de Delos, e pergunto,[13]
inquieto, por que sendas me conduzes,
novas, talvez, ou talvez repetidas
após o lento perpassar dos anos.
Dize-me, filha da Esperança áurea,[14]   195
voz imortal! Invoco-te primeiro,
filha do grande Zeus, eterna Atena,
e tua irmã, guardiã de Tebas, Ártemis[15]
que tem assento em trono glorioso
na ágora de forma circular   200
e Febo, que de longe lança flechas:
aparecei, vós três, em meu socorro!
Se de outra vez, para afastar de nós
flagelo igual que nos exterminava

pudestes extinguir as longas chamas   205
da desventura, vinde a nós agora!
Ah! Quantos males nos afligem hoje!
O povo todo foi contagiado
e já não pode a mente imaginar
recurso algum capaz de nos valer!   210
Não crescem mais os frutos bons da terra;
mulheres grávidas não dão à luz,
aliviando-se de suas dores;
sem pausa, como pássaros velozes,
mais rápidas que o fogo impetuoso   215
as vítimas se precipitam céleres
rumo à mansão do deus crepuscular.[16]
Tebas perece com seus habitantes
e sem cuidados, sem serem chorados,
ficam no chão, aos montes, os cadáveres,   220
expostos, provocando novas mortes.
Esposas, mães com seus cabelos brancos,
choram junto aos altares, nos degraus
onde gemendo imploram compungidas
o fim de tão amargas provações.   225
E o hino triste repercute forte
ao misturar-se às vozes lamentosas.
Diante disso, filha rutilante[17]
de Zeus supremo, outorga-nos depressa
a tua sorridente proteção!   230
Faze também com que Ares potente[18]
que agora nos ataca esbravejando
e sem o bronze dos escudos queima-nos[19]
vá para longe, volte-nos as costas,
procure o leito imenso de Anfitrite[20]   235
ou as revoltas vagas do mar Trácio,[21]
pois o que a noite poupa o dia mata!
Zeus pai, senhor dos fúlgidos relâmpagos,
esmaga esse Ares, Zeus, com teus trovões!
O meu desejo, Apolo, é que dispares   240
com teu arco dourado flechas rápidas,
inevitáveis, para socorrer-nos,
para nos proteger; o mesmo espero
das tochas fulgurantes com que Ártemis
percorre os montes lícios; meu apelo[22]   245
também dirijo ao deus da tiara de ouro,

epônimo de Tebas, Baco alegre[23]
de rosto cor de vinho, companheiro
das Mênades, para que avance e traga
a todos nós a tão pedida ajuda   250
com seu archote de brilhante chama
contra esse deus que nem os deuses prezam![24]

> *ÉDIPO reaparece, vindo do palácio, e dirige-se ao* CORIFEU.

ÉDIPO

Suplicas proteção e alívio de teus males.
Sem dúvida serão ouvidas tuas preces
se deres a atenção devida à minha fala   255
e tua ação corresponder às circunstâncias.
Quero dizer estas palavras claramente,
alheio aos vãos relatos, preso à realidade.
Hei de seguir, inda que só, o rumo certo;
o indício mais sutil será suficiente.   260
Já que somente após os fatos alegados
honraram-me os tebanos com a cidadania
declaro neste instante em alta voz, cadmeus:[25]
ordeno a quem souber aqui quem matou Laio,
filho de Lábdaco, que me revele tudo;   265
ainda que receie represálias, fale!
Quem se denunciar não deverá ter medo;
não correrá outro perigo além do exílio;
a vida lhe será poupada. Se alguém sabe
que o matador não é tebano, é de outras terras,   270
conte-me logo, pois à minha gratidão
virá juntar-se generosa recompensa.
Mas se ao contrário, cidadãos, nada disserdes
e se qualquer de vós quiser inocentar-se
por medo ou para proteger algum amigo   275
da imputação de assassinato, eis minhas ordens:
proíbo terminantemente aos habitantes
deste país onde detenho o mando e o trono
que acolham o assassino, sem levar em conta
o seu prestígio, ou lhe dirijam a palavra   280
ou lhe permitam irmanar-se às suas preces
ou sacrifícios e homenagens aos bons deuses
ou que partilhem com tal homem a água sacra!

Que todos, ao contrário, o afastem de seus lares
pois ele comunica mácula indelével   285
segundo nos revela o deus em seu oráculo.
Eis, cidadãos, como demonstro acatamento
ao deus e apreço ao rei há tanto tempo morto.
O criminoso ignoto, seja ele um só
ou acumpliciado, peço agora aos deuses   290
que viva na desgraça e miseravelmente!
E se ele convive comigo sem que eu saiba,
invoco para mim também os mesmos males
que minhas maldições acabam de atrair
inapelavelmente para o celerado!   295
Exorto-vos a proceder assim, tebanos,
em atenção a mim, ao deus, por esta terra
que em frente aos vossos olhos está perecendo
entregue pelos numes à esterilidade.
Ainda que essa purificação forçosa   300
não vos houvera sido imposta pelo deus,
não deveríeis deixar Tebas maculada
pois era o morto um homem excelente, um rei;
cumpria-vos esclarecer os fatos logo.
Considerando que hoje tenho em minhas mãos   305
o mando anteriormente atribuído a Laio
e que são hoje meus seu leito e a mulher
que deveria ter-lhe propiciado filhos,
e finalmente que se suas esperanças
por desventura não houvessem sido vãs,   310
crianças concebidas por uma só mãe
teriam estreitado laços entre nós
(mas a desgraça lhe caiu sobre a cabeça),
por todos esses ponderáveis fundamentos
hei de lutar por ele como por meu pai[26]   315
e tomarei as providências necessárias
à descoberta do assassino do labdácida,[27]
progênie do rei Polidoro, descendente[28]
de Cadmo e Agenor, os grandes reis de antanho.
E quanto aos desobedientes, peço aos deuses   320
que a terra não lhes dê seus frutos e as mulheres
não tenham filhos deles, e sem salvação
pereçam sob o peso dos males presentes
ou vítimas de mal muitas vezes maior.
Mas, para vós, cadmeus que concordais comigo,   325

possa a justiça sempre estar do vosso lado
e não vos falte nunca a proteção divina!

CORIFEU

Escuta, então, senhor; tuas imprecações
compelem-me a falar. Não fui o assassino,
nem sei quem foi; cabia a Febo, deus-profeta,   330
que nos mandou punir agora o criminoso,
dizer-nos quem outrora cometeu o crime.

ÉDIPO

São justas as tuas palavras, mas ninguém
detém poder bastante para constranger
os deuses a mudar os seus altos desígnios.   335

CORIFEU

Veio-me à mente uma segunda ideia; exponho-a?

ÉDIPO

Mesmo a terceira, se tiveres, quero ouvir.

CORIFEU

Sei que Tirésias venerável é o profeta
mais próximo de Febo; se lhe perguntares,
dele ouviremos a revelação dos fatos.   340

ÉDIPO

Não descurei desse recurso; aconselhado
há pouco por Creonte, já mandei buscá-lo.
Espanta-me que ainda não tenha chegado.

CORIFEU

E quanto ao mais, só há rumores vãos, remotos.

ÉDIPO

Quais os rumores? Quero conhecê-los todos. 345

CORIFEU

Dizem que Laio foi morto por andarilhos.

ÉDIPO

Também ouvi dizer, mas não há testemunhas.

CORIFEU

Mas se o culpado for sensível ao temor,
não há de resistir quando tiver ciência
de tua dura, assustadora imprecação. 350

ÉDIPO

Quem age sem receios não teme as palavras.

CORIFEU

Vendo TIRÉSIAS aproximar-se.

Já vejo aproximar-se quem vai descobri-lo.
Estão trazendo em nossa direção o vate
guiado pelos deuses, único entre os homens
que traz em sua mente a lúcida verdade. 355

Entra TIRÉSIAS, idoso e cego, conduzido por um menino.

ÉDIPO

Tu, que apreendes a realidade toda,
Tirésias, tanto os fatos logo divulgados
quanto os ocultos, e os sinais vindos do céu
e os deste mundo (embora não consigas vê-los),
sem dúvida conheces os terríveis males 360
que afligem nossa terra; para defendê-la,
para salvá-la, só nos resta a tua ajuda.

Se ainda não ouviste de meus mensageiros,
Apolo revelou ao meu primeiro arauto
que só nos livraremos do atual flagelo 365
se, descoberto o assassino do rei Laio,
pudermos condená-lo à morte ou ao exílio.
Nesta emergência então, Tirésias, não nos faltes,
não nos recuses a revelação dos pássaros[29]
nem os outros recursos de teus vaticínios; 370
salva a cidade agora, salva-te a ti mesmo,
salva-me a mim também, afasta de nós todos[30]
a maldição que ainda emana do rei morto!
Estamos hoje em tuas mãos e a ação mais nobre
de um homem é ser útil aos seus semelhantes 375
até o limite máximo de suas forças.

TIRÉSIAS

Pobre de mim! Como é terrível a sapiência
quando quem sabe não consegue aproveitá-la!
Passou por meu espírito essa reflexão
mas descuidei-me, pois não deveria vir. 380

ÉDIPO

Qual a razão dessa tristeza repentina?

TIRÉSIAS

Manda-me embora! Assim suportarás melhor
teu fado e eu o meu. Deixa-me convencer-te!

ÉDIPO

Carecem de justiça tais palavras tuas
e de benevolência em relação a esta terra 385
que te nutriu, pois não quiseste responder.

TIRÉSIAS

Em minha opinião a tua longa fala
foi totalmente inoportuna para ti.
Então, para que eu não incorra em erro igual...

TIRÉSIAS faz menção de afastar-se.

ÉDIPO

Não, pelos deuses, já que sabes não te afastes!   390
Eis-nos aqui à tua frente, ajoelhados
em atitude súplice, toda a cidade!

TIRÉSIAS

Pois todos vós sois insensatos. Quanto a mim,
não me disponho a exacerbar meus próprios males;
para ser claro, não quero falar dos teus.   395

ÉDIPO

Que dizes? Sabes a verdade e não a falas?
Queres trair-nos e extinguir nossa cidade?

TIRÉSIAS

Não quero males para mim nem para ti.
Por que insistes na pergunta? É tudo inútil.
De mim, por mais que faças nada saberás.   400

ÉDIPO

Não falarás, então, pior dos homens maus,
capaz de enfurecer um coração de pedra?
Persistirás, inabalável, inflexível?

TIRÉSIAS

Acusas-me de provocar a tua cólera?
Não vês aquilo a que estás preso e me censuras?   405

ÉDIPO

E quem resistiria à natural revolta
ouvindo-te insultar assim nossa cidade?

TIRÉSIAS

O que tiver de vir virá, embora eu cale.

ÉDIPO

Mas tens de revelar-me agora o que há de vir!

TIRÉSIAS

Nada mais digo; encoleriza-te, se queres;   410
cede à mais cega ira que couber em ti!

ÉDIPO

Pois bem. Não dissimularei meus pensamentos,
tão grande é minha cólera. Fica sabendo
que em minha opinião articulaste o crime
e até o consumaste! Apenas tua mão   415
não o matou. E se enxergasses eu diria
que foste o criminoso sem qualquer ajuda!

TIRÉSIAS

Teu pensamento é este? Então escuta: mando
que obedecendo à ordem por ti mesmo dada
não mais dirijas a palavra a esta gente   420
nem a mim mesmo, pois és um maldito aqui![31]

ÉDIPO

Quanta insolência mostras ao falar assim!
Não vês que aonde quer que vás serás punido?

TIRÉSIAS

Sou livre; trago em mim a impávida verdade!

ÉDIPO

De quem a recebeste? Foi de tua arte?   425

TIRÉSIAS

De ti; forçaste-me a falar, malgrado meu.

ÉDIPO

Que dizes? Fala novamente! Vamos! Fala!
Não pude ainda compreender tuas palavras.

TIRÉSIAS

Não percebeste logo? Queres que eu repita?

ÉDIPO

Parece-me difícil entender-te. Fala!   430

TIRÉSIAS

Pois ouve bem: és o assassino que procuras!

ÉDIPO

Não me dirás palavras tão brutais de novo!

TIRÉSIAS

Devo falar ainda para enfurecer-te?

ÉDIPO

Prossegue, se quiseres. Falarás em vão!

TIRÉSIAS

Apenas quero declarar que, sem saber,   435
manténs as relações mais torpes e sacrílegas
com a criatura que devias venerar,
alheio à sordidez de tua própria vida!

ÉDIPO

Crês que te deixarei continuar falando
tão insolentemente sem castigo duro? 440

TIRÉSIAS

Se ao lado da verdade há sempre força, creio.

ÉDIPO

Pois há, exceto para ti. Em tua boca
torna-se débil a verdade; tens fechados
teus olhos, teus ouvidos e até mesmo o espírito!

TIRÉSIAS

És um desventurado, dizendo impropérios 445
que todos os tebanos dentro de algum tempo
proferirão sinceramente contra ti.

ÉDIPO

Tua existência é uma noite interminável.
Jamais conseguirás fazer-me mal, Tirésias
nem aos demais que podem contemplar a luz! 450

TIRÉSIAS

Nisto estás certo. Os fados não determinaram
que minhas mãos te aniquilassem. Cuida Apolo
de conduzir-te ao fim, e os deuses tudo podem.

ÉDIPO

Após alguns instantes de reflexão.

São tuas estas invenções, ou de Creonte?

TIRÉSIAS

Ele não é a causa de teus muitos males; 455
tu mesmo os chamas sobre ti e mais ninguém.

ÉDIPO

Bens deste mundo, e força, e superior talento,
dons desta vida cheia de rivalidades,
que imensa inveja provocais, preciosas dádivas!
Por causa do poder que Tebas me outorgou   460
como um presente, sem um gesto meu de empenho,
Creonte, em tempos idos amigo fiel,
agora se insinua insidiosamente
por trás de mim e anseia por aniquilar-me,
levado por um feiticeiro, charlatão,   465
conspirador que só tem olhos para o ouro
e é cego em sua própria arte e em tudo mais!
Pois dize! Quando foste um vate fidedigno?
Por que silenciaste diante dos tebanos
ansiosos por palavras esclarecedoras   470
na época em que a Esfinge lhes propunha enigmas?[32]
E não seria de esperar que um forasteiro
viesse interpretar os versos tenebrosos;
o dom profético te credenciaria,
mas não o possuías, como todos viram,   475
nem por inspiração das aves, nem dos deuses.[33]
Pois eu cheguei, sem nada conhecer, eu, Édipo,[34]
e impus silêncio à Esfinge; veio a solução
de minha mente e não das aves agoureiras.
E tentas derrubar-me, exatamente a mim,   480
na ânsia de chegar ao trono com Creonte!
Creio que a purificação desta cidade
há de custar-vos caro, a ti e ao teu comparsa!
Não fosses tu um velho e logo aprenderias
à força de suplícios que não deverias   485
chegar assim a tais extremos de insolência!

CORIFEU

Em nossa opinião a cólera inspirou
tanto as palavras de Tirésias como as tuas,
senhor. E não é disso que necessitamos,
mas de serenidade para executar   490
depressa e bem as ordens nítidas do deus.

TIRÉSIAS

Embora sejas rei tenho direito, Édipo,

de responder-te, pois me julgo igual a ti.
Ao menos isso eu posso. Não me considero
teu servidor, mas de Loxias, deus-profeta;[35]   495
tampouco estou na dependência de Creonte.
Minha cegueira provocou injúrias tuas.
Pois ouve: os olhos teus são bons e todavia
não vês os males todos que te envolvem,
nem onde moras, nem com que mulher te deitas.   500
Sabes de quem nasceste? És odioso aos teus,
aos mortos como aos vivos, e o açoite duplo
da maldição de tua mãe e de teu pai
há de expulsar-te um dia em vergonhosa fuga
de nossa terra, a ti, que agora tudo vês   505
mas brevemente enxergarás somente sombras!
E todos os lugares hão de ouvir bem cedo
os teus lamentos; logo o Citéron inteiro[36]
responderá aos teus gemidos dolorosos
quando afinal compreenderes em que núpcias   510
vivias dentro desta casa, onde encontraste
após viagem tão feliz um porto horrível.
Também ignoras muitas outras desventuras
que te reduzirão a justas proporções
e te farão igual aos filhos que geraste.   515
Sentir-te-ás um dia tão aniquilado
como jamais homem algum foi neste mundo!

ÉDIPO

Tolerarei tais impropérios vindos dele?
Maldito sejas pelos deuses neste instante!
Por que não te retiras já deste lugar?   520

TIRÉSIAS

Eu não teria vindo aqui se não mandasses.

ÉDIPO

É que eu não esperava ouvir tais disparates.
Se fosse previdente não me apressaria
a convidar-te a vir até o meu palácio.

TIRÉSIAS

Consideras-me louco mas para teus pais, 525
que te puseram neste mundo, fui sensato.

ÉDIPO

Que pais? Espera! Que homem me deu a vida?

TIRÉSIAS

Verás num mesmo dia teu princípio e fim.

ÉDIPO

Falaste vagamente e recorrendo a enigmas.

TIRÉSIAS

Não és tão hábil para decifrar enigmas? 530

ÉDIPO

Insultas-me no que me fez mais venturoso.

TIRÉSIAS

Dessa ventura te há de vir a perdição.

ÉDIPO

Mas eu salvei esta cidade: é quanto basta.

TIRÉSIAS

Dirigindo-se ao menino que o guiava.

Então irei embora. Tu, menino, leva-me.

ÉDIPO

Leve-te logo! Aqui me ofendes; longe, não. 535

TIRÉSIAS

Já me retiro mas direi antes de ir,
sem nada recear, o que me trouxe aqui,
pois teu poder não basta para destruir-me.
Agora ouve: o homem que vens procurando
entre ameaças e discursos incessantes   540
sobre o crime contra o rei Laio, esse homem, Édipo,
está aqui em Tebas e se faz passar
por estrangeiro, mas todos verão bem cedo
que ele nasceu aqui e essa revelação
não há de lhe proporcionar prazer algum;   545
ele, que agora vê demais, ficará cego;
ele, que agora é rico, pedirá esmolas
e arrastará seus passos em terras de exílio,
tateando o chão à sua frente com um bordão.
Dentro de pouco tempo saberão que ele   550
ao mesmo tempo é irmão e pai dos muitos filhos
com quem vive, filho e consorte da mulher
de quem nasceu; e que ele fecundou a esposa
do próprio pai depois de havê-lo assassinado!
Vai e reflete sobre isso em teu palácio   555
e se me convenceres de que agora minto
então terás direito de dizer bem alto
que não há sapiência em minhas profecias!

> TIRÉSIAS *retira-se guiado pelo menino.* ÉDIPO *volta ao palácio.*

CORO

Quem perpetrou com as mãos ensanguentadas
indescritíveis, torpes atentados   560
segundo a voz fatídica da pedra[37]
de onde provém o oráculo de Delfos?
Para o culpado já chegou a hora
de iniciar súbita fuga igual
à dos corcéis velozes como os ventos   565
pois o filho de Zeus, divino Apolo,
armado de relâmpagos ardentes
lança-se contra ele juntamente
com as infalíveis, as terríveis Fúrias.[38]

No Parnaso coberto de alta neve[39]   570
acaba de estrondar a ordem clara:
que todos saiam em perseguição
do criminoso até agora ignoto,
errante pelas selvas e cavernas
e rochas, ofegante como um touro.   575
Seguindo a trilha adversa que o isola
dos homens o infeliz tenta escapar
aos rígidos oráculos oriundos
do âmago da terra, mas em vão:[40]
eles, eternamente vivos, cercam-no.   580
Terríveis, sim, terríveis são as dúvidas
que o adivinho pôs em minha mente;[41]
não creio, não descreio, estou atônito.
Adeja o meu espírito indeciso,
perplexo entre o passado e o presente.   585
Que controvérsia pode ter havido
entre os labdácidas e o descendente[42]
de Pôlibo? Nem nos tempos remotos[43]
nem hoje sou capaz de vislumbrar
realidades que me deem provas   590
contra a inteireza e a boa fama de Édipo
e me decidam a tirar vingança
de um assassínio ainda envolto em trevas
optando pela causa dos labdácidas.
Apolo e Zeus têm olhos para tudo.   595
Eles conhecem as ações dos homens
mas um mortal, um simples adivinho,
não pode convencer-me; é inaceitável,
embora no saber um homem possa
ultrapassar os outros muitas vezes.   600
Jamais, antes de ver ratificada
a fala do adivinho, darei crédito
à acusação lançada contra Édipo;
sim, foi aos olhos dos tebanos todos
que outrora a Esfinge veio contra ele   605
e todos viram que Édipo era sábio
e houve razões para que fosse amado
por nosso povo. Diante desses fatos
jamais o acusarei de qualquer crime.

Entra CREONTE *agitado.*

CREONTE

Fiquei sabendo, cidadãos, que nosso rei   610
lançava contra mim acusações terríveis;
não me disponho a suportá-las; eis-me aqui.
Se em nossos infortúnios de hoje ele imagina
que em atos ou palavras lhe fiz injustiças,
não quero prosseguir vivendo sob o peso   615
de tal imputação; o dano que me causa
essa suspeita não é pouco, é mesmo enorme
se na cidade, se por vós, por meus amigos,
sou acusado de traição ao nosso rei.

CORIFEU

Talvez aquela injúria tenha tido origem   620
mais no arrebatamento que na reflexão.

CREONTE

Como terá podido Édipo supor
que a culpa é minha se o adivinho mentiu?

CORIFEU

Ele falou assim, não sei pensando em quê.

CREONTE

Estava firme o seu olhar, o ânimo firme   625
quando ele me acusou dessa maneira insólita?

CORIFEU

Não sei; não gosto de encarar os poderosos.

Vendo ÉDIPO reaparecer, vindo do palácio.

Mas ele próprio está saindo do palácio.

ÉDIPO

Dirigindo-se bruscamente a CREONTE.

Que fazes, tu que estás aí? Ainda ousas
chegar a mim, tu que seguramente queres   630
tirar-me a vida e despojar-me do poder
abertamente? Pois vejamos! Dize agora:
chegaste à conclusão de que sou um covarde
ou insensato, para conceber projetos
tão sórdidos? Acreditavas que eu não via   635
tuas maquinações e não as puniria
havendo-as descoberto? Dize, pelos deuses:
não é conduta de demente cobiçar,
sem bens e sem amigos, o poder sem par
que vem do povo numeroso e da riqueza?   640

CREONTE

Que podes esperar de mim falando assim?
Deixa-me responder, pois sou igual a ti,
e julga livremente após haver-me ouvido.

ÉDIPO

És hábil em palavras; sinto-me inclinado
a ouvir-te, embora sejas inimigo pérfido.   645

CREONTE

Primeiro, quero refutar essas palavras.

ÉDIPO

Primeiro, não me digas que não és culpado!

CREONTE

Se crês que a intransigência cega é um bem, enganas-te.

ÉDIPO

Se crês que a ofensa não será punida, iludes-te.

CREONTE

Concordo com tuas palavras, mas revela-me   650
o grande mal que em tua opinião te fiz!

ÉDIPO

Persuadiste-me ou não me persuadiste
a consultar o venerável adivinho?

CREONTE

Ainda agora sou da mesma opinião.

ÉDIPO

E quanto tempo já passou desde que Laio...   655

CREONTE

Que fez o falecido rei? Não compreendo.

ÉDIPO

...morreu, ferido pela mão de um assassino?

CREONTE

Contar-se-ia uma sequência longa de anos.

ÉDIPO

E já Tirésias nesse tempo era adivinho?

CREONTE

Ele já era sábio e reverenciado.   660

ÉDIPO

E ele aludiu então a mim alguma vez?

CREONTE

Que eu sabia, nunca, ao menos em minha presença.

ÉDIPO

Não te ocorreu mandar investigar o crime?

CREONTE

Fizemo-lo, decerto, e nada descobrimos.

ÉDIPO

Por que esse adivinho sábio nada disse? 665

CREONTE

Não sei. Quando não compreendo, silencio.

ÉDIPO

Mas não ignoras, e dirias de bom grado...

CREONTE

Não calarei, se for de meu conhecimento.

ÉDIPO

...que sem haver entendimento entre ele e ti
jamais afirmaria ele que fui eu 670
o causador da morte trágica de Laio.

CREONTE

Sabes o que ele disse, mas eu também tenho
direito de fazer-te agora umas perguntas.

ÉDIPO

Pergunta! Não serei por isso o criminoso.

CREONTE

Quem sabe?... Desposaste minha irmã Jocasta?   675

ÉDIPO

Só posso responder afirmativamente.

CREONTE

Partilhas o poder com ela em mando igual?

ÉDIPO

Faço-lhe todas as vontades no governo.

CREONTE

Depois de ti e dela não sou eu quem manda?

ÉDIPO

É certo, e este fato agrava a tua culpa.   680

CREONTE

Segue meu pensamento e mudarás de ideia.
Medita, para começar, neste detalhe:
crês que jamais homem algum preferiria
o trono e seus perigos a tranquilo sono
tendo poder idêntico sem arriscar-se?   685
Pois quanto a mim ambiciono muito menos
a condição de rei que o mando nela implícito;
pensam assim todos os homens comedidos
em seus desejos. Sem me expor, obtenho agora
tudo de ti; ou não? Porém se eu fosse rei   690
teria de ceder a muitas injunções.
Por que motivo, então, me tentaria o trono
mais que essa onipotência livre de percalços?
Não sou ainda cego, a ponto de almejar
mais que a influência e o proveito consequente.   695
Já sou por todos festejado, já me acolhem

todos solícitos, e todos que precisam
de ti primeiro me procuram; todos eles
conseguem tudo por interferência minha.
Como haveria eu, então, de desprezar   700
o que já tenho para obter o que insinuas?
Seria tolo esse procedimento pérfido.
O plano que imaginas não me atrairia
e eu não o realizaria inda ajudado.
Queres a prova? Sem demora vai a Delfos   705
e informa-te se relatei fielmente o oráculo.
Ainda vou mais longe: se me convenceres
de haver-me conluiado com o velho adivinho
merecerei dupla condenação à morte:
a minha e a tua. Não me acuses com base   710
em vagas, pálidas suspeitas sem me ouvir.
Fere a justiça apelidar levianamente
os bons de maus ou os maus de bons. E desprezar
um amigo fidedigno, em minha opinião
é o mesmo que menosprezar a própria vida,   715
o bem mais precioso. Com o passar dos anos
seguramente reconhecerás tudo isso,
pois só com o tempo se revela o homem justo;
mas basta um dia para descobrir o pérfido.

CORIFEU

Creio, senhor, que ele falou sensatamente,   720
como quem faz esforços para não errar;
quem julga afoitamente não é infalível.

ÉDIPO

Se empregam afoiteza para derrubar-me
insidiosamente, devo ser afoito
ao defender-me; se eu não estiver atento   725
os planos deles podem transformar-se em fatos
e os meus fracassarão inevitavelmente.

CREONTE

E que pretendes? Exilar-me desta terra?

ÉDIPO

Desejo a tua morte, e não o teu exílio.

CREONTE

Serias justo se provasses minha culpa. 730

ÉDIPO

Comportas-te como se não devesses nunca
ceder e obedecer ao detentor do mando.

CREONTE

A retidão faz falta em tuas decisões.

ÉDIPO

Quando se trata de meus interesses, não.

CREONTE

O meu também mereceria igual cuidado. 735

ÉDIPO

És mau, Creonte!

CREONTE

Não queres compreender!

ÉDIPO

Mas deves-me da mesma forma obediência!

CREONTE

Se mandas mal, não devo.

ÉDIPO

Meu povo! Meu povo!

CREONTE

Também pertenço ao povo, que não é só teu!

CORIFEU

Vendo JOCASTA *sair do palácio.*

Cessai, senhores, pois Jocasta vem saindo   740
de seu palácio em boa hora para vós.
Com a vinda dela creio que deveis pôr termo
sem mais demora ao vosso desentendimento.

Entra JOCASTA, *vinda do palácio.*

JOCASTA

Por que vos enfrentais nessa disputa estéril
desventurados? Não pensais? E não corais,   745
de pejo por alimentar vossas querelas
em meio a tais calamidades para Tebas?
Entra, Édipo, e tu, Creonte, volta ao lar.
Não deve uma frivolidade transformar-se
em causa de aflição mais grave para vós.   750

CREONTE

Parece justo ao teu esposo, minha irmã,
tratar-me rudemente. Édipo quer que eu opte
entre dois males: ou o exílio doloroso
da terra de meus pais, ou vergonhosa morte.

ÉDIPO

Confirmo. Tenho convicção, mulher, de que ele   755
tramou a minha queda e quis realizá-la.

CREONTE

Não tenha eu agora bem algum e morra
maldito pelos deuses se de qualquer forma
mereço essas acusações sem fundamento!

JOCASTA

Em nome das augustas divindades, Édipo,   760
suplico-te que creias nas palavras dele,
primeiro pelo juramento recém-feito
perante os deuses, e depois por reverência
a mim e aos cidadãos presentes. Dá-lhe crédito!

CORIFEU

Reflete, atenta bem, consente!   765
Suplico-te, senhor! Consente!

ÉDIPO

Em que desejas que eu consinta?

CORIFEU

Concorda com Creonte; nunca
ele foi insensato, e hoje
chegou até o juramento!   770

ÉDIPO

Sabes o que me estás pedindo?

CORIFEU

Se peço é porque sei, senhor.

ÉDIPO

Aclara, então, o que disseste.

CORIFEU

Não deves acolher jamais
rumores vagos, não provados,   775
para fazer acusações
desprimorosas ao amigo
que tem suspensas maldições
sobre a cabeça se mentir.

ÉDIPO

Não deves ignorar, então,   780
que pedes simultaneamente
a minha morte e o meu exílio!

CORIFEU

Não, pelo Sol, o deus mais alto!
Que eu morra no pior suplício,
abandonado pelos deuses,   785
pelos amigos, se passou
por minha mente esse propósito!
Em meu constante sofrimento
já tenho a alma lacerada
por ver as chagas desta terra;   790
aos muitos males que nos ferem
agora vêm juntar-se novos!

ÉDIPO

Pois viva ele em paz, então,
ainda que por isso eu morra
ou seja expulso desta terra   795
envilecido; é tua prece,
e não a dele, que me toca
e excita minha piedade.
Meu ódio há de segui-lo sempre!

CREONTE

Vejo que cedes contrafeito
mas te censurarás mais tarde,   800

52 *A trilogia tebana*

quando essa cólera passar.
Temperamentos como o teu
atraem sempre sofrimentos.

ÉDIPO

Não vais então deixar-me em paz? 805
Por que não abandonas Tebas?

CREONTE

Sim, partirei, pois não quiseste
compreender-me; sei, porém,
que meus concidadãos presentes
aprovam meu procedimento. 810

Sai CREONTE.

CORIFEU

Dirigindo-se a JOCASTA, *após o silêncio subsequente à saída de* CREONTE.

Por que tardas, senhora, a levar
nosso rei de regresso ao palácio?

JOCASTA

Fá-lo-ei quando ouvir teu relato.

CORIFEU

Levantaram-se vagas suspeitas
provocadas por simples palavras. 815
A injustiça, bem sabes, ofende.

JOCASTA

Tua fala refere-se aos dois?

CORIFEU

Tanto a Édipo quanto a Creonte.

JOCASTA

Que diziam os dois no debate?

CORIFEU

Basta. Creio que basta ficarmos   820
onde a rude querela cessou.
Nossa terra já está muito aflita.

ÉDIPO

Que até então estivera absorto, em atitude de profunda meditação.

Vês aonde chegaste, apesar
de movido por boa intenção,
não querendo amparar minha causa   825
e deixando abalar-se a afeição
que deverias sentir por teu rei?

CORIFEU

Muitas vezes te disse, senhor,
que eu seria o maior dos estultos,
criatura sem raciocínio,   830
se algum dia pensasse em deixar-te,
em faltar ao herói que sozinho
libertou minha terra querida
quando outrora a desgraça a extinguia.[44]
Inda agora, se podes, meu rei,   835
vem mostrar-te seu guia seguro!

JOCASTA

Por que razão, senhor (dize-me pelos deuses),
permites que essa cólera feroz te vença?

ÉDIPO

Dir-te-ei, mulher, pois te honro mais que a essa gente:
a causa foi Creonte com sua torpeza.   840

JOCASTA

Prossegue, se és capaz de recordar ainda
como a querela começou entre ele e ti.

ÉDIPO

Ele me acusa, a mim, de ter matado Laio.

JOCASTA

Foi por ciência própria ou por ouvir dizer?

ÉDIPO

Seu porta-voz foi um malévolo adivinho;   845
de sua própria boca nada nós ouvimos.

JOCASTA

Não há razões, então, para inquietação;
ouve-me atentamente e ficarás sabendo
que o dom divinatório não foi concedido
a nenhum dos mortais; em escassas palavras   850
vou dar-te provas disso. Não direi que Febo,
mas um de seus intérpretes, há muito tempo
comunicou a Laio, por meio de oráculos,
que um filho meu e dele o assassinaria;
pois apesar desses oráculos notórios   855
todos afirmam que assaltantes de outras terras
mataram Laio há anos numa encruzilhada.
Vivia nosso filho seu terceiro dia
quando rei Laio lhe amarrou os tornozelos
e o pôs em mãos de estranhos, que o lançaram logo   860
em precipícios da montanha inacessível.
Naquele tempo Apolo não realizou
as predições: o filho único de Laio
não se tornou o matador do próprio pai;
não se concretizaram as apreensões do rei   865
que tanto receava terminar seus dias
golpeado pelo ser que lhe devia a vida.
Falharam os oráculos; o próprio deus

evidencia seus desígnios quando quer,
sem recorrer a intérpretes, somente ele. 870

ÉDIPO

Após alguns instantes de silêncio, demonstrando preocupação.

Minha alma encheu-se de temores e a aflição
subiu-me à mente ouvindo-te falar, senhora...

JOCASTA

Que ânsia te possui para dizeres isso?

ÉDIPO

Terias dito há pouco que mataram Laio
em uma encruzilhada. Ou foi engano meu? 875

JOCASTA

Assim falaram e repetem desde então.

ÉDIPO

E onde ocorreu o evento lamentável? Sabes?

JOCASTA

A região chama-se Fócis; as estradas
de Delfos e de Dáulia para lá convergem.

ÉDIPO

Quando se deu o fato? Podes recordar-te? 880

JOCASTA

Pouco antes de assumires o poder aqui.

ÉDIPO

Zeus poderoso! Que fazes de mim agora?

JOCASTA

Qual o motivo dessa inquietação, senhor?

ÉDIPO

Não me interrogues. Antes quero que respondas:
Como era Laio e quantos anos tinha então?   885

JOCASTA

Ele era alto; seus cabelos começavam
a pratear-se. Laio tinha traços teus.

ÉDIPO

Ai! Infeliz de mim! Começo a convencer-me
de que lancei contra mim mesmo, sem saber,
as maldições terríveis pronunciadas hoje!   890

JOCASTA

Que dizes? Tenho medo de encarar-te, Édipo!

ÉDIPO

É horrível! Temo que Tirésias, mesmo cego,
tenha enxergado, mas ainda quero ouvir
uma palavra tua para esclarecer-me.

JOCASTA

Também estou inquieta mas responderei
a todas as tuas perguntas. Faze-as, pois.   895

ÉDIPO

Era pequena a escolta que seguia Laio,
ou numerosa guarnição o protegia
por se tratar de um homem poderoso, um rei?

JOCASTA

Seus seguidores eram cinco ao todo; entre eles   900
contava-se um arauto; um carro só levava-os.

ÉDIPO

Ah! Deuses! Tudo agora é claro! Mas, quem foi
que outrora te comunicou esses detalhes?

JOCASTA

Um serviçal que se salvou, ao regressar.

ÉDIPO

Inda se encontra no palácio esse criado?   905

JOCASTA

Não. Ao voltar, vendo-te no lugar de Laio,
tomou-me as mãos e suplicou-me que o mandasse
aos campos para apascentar nossos rebanhos,
pois desejava estar bem longe da cidade.
Fiz-lhe a vontade, pois o servo parecia   910
merecedor de recompensa inda maior.

ÉDIPO

Será possível tê-lo aqui em pouco tempo?

JOCASTA

Seguramente; mas por que esse desejo?

ÉDIPO

Temo, senhora, haver falado além da conta;
por isso tenho pressa em vê-lo e interrogá-lo.   915

JOCASTA

Ele virá mas creio merecer também
uma palavra tua sobre teus receios.

ÉDIPO

Não te recusarei, pois resta-me somente
uma esperança. A quem senão a ti, senhora,
eu falaria livremente nesse transe?   920

Pausa.

Meu pai é Pôlibo, coríntio, minha mãe,
Mérope, dórica. Todos consideravam-me[45]
o cidadão mais importante de Corinto.
Verificou-se um dia um fato inesperado,
motivo de surpresa enorme para mim   925
embora no momento não me preocupasse,
dadas as circunstâncias e os participantes.
Foi numa festa; um homem que bebeu demais
embriagou-se e logo, sem qualquer motivo,
pôs-se a insultar-me e me lançou o vitupério   930
de ser filho adotivo. Depois revoltei-me;
a custo me contive até findar o dia.
Bem cedo, na manhã seguinte, procurei
meu pai e minha mãe e quis interrogá-los.
Ambos mostraram-se sentidos com o ultraje,   935
mas inda assim o insulto sempre me doía;
gravara-se profundamente em meu espírito.
Sem o conhecimento de meus pais, um dia
fui ao oráculo de Delfos mas Apolo   940
não se dignou de desfazer as minhas dúvidas;
anunciou-me claramente, todavia,
maiores infortúnios, trágicos, terríveis;
eu me uniria um dia à minha própria mãe
e mostraria aos homens descendência impura   945
depois de assassinar o pai que me deu vida.
Diante dessas predições deixei Corinto
guiando-me pelas estrelas, à procura
de pouso bem distante, onde me exilaria
e onde jamais se tornariam realidade   950

— assim pensava eu — aquelas sordidezas
prognosticadas pelo oráculo funesto.
Cheguei um dia em minha marcha ao tal lugar
onde, segundo dizes, o rei pereceu.
E a ti, mulher, direi toda a verdade agora.   955
Seguia despreocupado a minha rota;
quando me aproximei da encruzilhada tríplice
vi um arauto à frente de um vistoso carro
correndo em minha direção, em rumo inverso;
no carro viajava um homem já maduro   960
com a compleição do que me descreveste há pouco.
O arauto e o próprio passageiro me empurraram
com violência para fora do caminho.
Eu, encolerizado, devolvi o golpe
do arauto; o passageiro, ao ver-me reagir   965
aproveitou o momento em que me aproximei
do carro e me atingiu com um dúplice aguilhão,
de cima para baixo, em cheio na cabeça.
Como era de esperar, custou-lhe caro o feito:
no mesmo instante, valendo-me de meu bordão   970
com esta minha mão feri-o gravemente.
Pendendo para o outro lado, ele caiu.
E creio que também matei seus guardas todos.
Se o viajante morto era de fato Laio,
quem é mais infeliz que eu neste momento?   975
Que homem poderia ser mais odiado
pelos augustos deuses? Estrangeiro algum,
concidadão algum teria o direito
de receber-me em sua casa, de falar-me;[46]
todos deveriam repelir-me.   980
E o que é pior, fui eu, não foi outro qualquer,
quem pronunciou as maldições contra mim mesmo.
Também maculo a esposa do finado rei
ao estreitá-la nestes braços que o mataram!
Não sou um miserável monstro de impureza?   985
E terei de exilar-me e em minha vida errante
não poderei jamais voltar a ver os meus
nem pôr de novo os pés no chão de minha pátria,
pois se o fizesse os fados me compeliriam
a unir-me à minha mãe e matar o rei Pólibo,   990
meu pai, a quem eu devo a vida e tudo mais!
Não, não, augusta majestade de meus deuses!

Fazei com que esse dia nunca, nunca chegue!
Fazei com que se acabe a minha vida antes
de essa vergonha imensa tombar sobre mim! 995

CORIFEU

Tudo isso nos aterroriza, a nós também,
senhor, mas sê esperançoso até que fale
a testemunha e esclareça os fatos todos.

ÉDIPO

É a única esperança que me resta, esse homem,
esse pastor, só ele, nada e mais ninguém! 1000

JOCASTA

Mas, que certeza a vinda dele pode dar-te?

ÉDIPO

Dir-te-ei: se o seu relato coincidir com o teu,
livrar-me-ei dessa iminente maldição.

JOCASTA

A que relato meu, tão sério, te referes?

ÉDIPO

Ouvi de ti há pouco que, segundo ele, 1005
os assassinos foram vários assaltantes.
Se ele vier e reiterar a afirmação,
o criminoso não sou eu; somente um homem
não equivale a vários. Mas, se ele falar
de um homem só, de apenas um, então, senhora, 1010
a imputação se aplicará a mim, sem dúvida.

JOCASTA

Ele falou exatamente como eu disse
e agora não irá mudar o seu relato.

Toda a cidade pôde ouvi-lo, além de mim.
Se, entretanto, ele afastar-se das palavras   1015
já divulgadas, inda assim não provará
que o crime perpetrado contra Laio há tempo
correspondeu à predição oracular,
pois Febo declarou que ele terminaria
seus dias morto pelas mãos de um filho meu.   1020
Mas Laio não morreu golpeado por meu filho;
meu pobre filho faleceu muito antes dele.
Também, de hoje em diante não mais olharei
à esquerda ou à direita em busca de presságios.[47]

ÉDIPO

E tens razão. Quanto ao escravo, manda alguém   1025
buscá-lo e não negligencies minhas ordens.

JOCASTA

Tua vontade será feita sem demora.
Nada faria contra teus desejos. Vamos.

JOCASTA e ÉDIPO entram no palácio.

CORO

Seja-me concedido pelos fados
compartilhar da própria santidade   1030
não só em todas as minhas palavras
como em minhas ações, sem exceção,
moldadas sempre nas sublimes leis
originárias do alto céu divino.
Somente o céu gerou as santas leis;   1035
não poderia a condição dos homens,
simples mortais, falíveis, produzi-las.
Jamais o oblívio as adormecerá;
há um poderoso deus latente nelas,
eterno, imune ao perpassar do tempo.   1040
O orgulho é o alimento do tirano;
quando ele faz exagerada messe
de abusos e temeridades fátuas
inevitavelmente precipita-se

dos píncaros no abismo mais profundo   1045
de males de onde nunca mais sairá.
A emulação, porém, pode ser útil
se visa ao benefício da cidade;
que a divindade a estimule sempre
e não me falte a sua proteção.   1050
Mas o homem que nos atos e palavras
se deixa dominar por vão orgulho
sem recear a obra da justiça
e não cultua propriamente os deuses
está fadado a doloroso fim,   1055
vítima da arrogância criminosa
que o induziu a desmedidos ganhos,
a sacrilégios, à loucura máxima
de profanar até as coisas santas.
Quem poderá, então, vangloriar-se,   1060
onde tais atentados têm lugar,
de pôr-se a salvo dos divinos dardos?
Se crimes como esses são louvados,
por que cantamos os sagrados coros?
Não mais irei ao centro sacrossanto[48]   1065
do mundo reverenciar Apolo,
nem ao muito falado templo de Abas,[49]
nem ao de Olímpia, se essas predições,[50]
não forem confirmadas pelos fatos,
de tal forma que se possa citá-las   1070
como um exemplo para os homens todos.
Deus todo-poderoso, se mereces
teu santo nome, soberano Zeus,
demonstra que em tua glória imortal
não és indiferente a tudo isso!   1075
Desprezam os oráculos ditados
a Laio, como se nada valessem;
Apolo agora não é adorado
com o esplendor antigo em parte alguma;
a reverência aos deuses já se extingue.   1080

Entra JOCASTA *vinda do palácio, com criadas portando oferendas.*

JOCASTA

Veio-me o pensamento, cidadãos ilustres,

de dirigir-me aos deuses em seus santuários
levando-lhes nas mãos coroas e perfumes.
Sobem à mente de Édipo, como soubestes,
inquietações sem número e nosso senhor   1085
não interpreta, como fora razoável,
as novas predições à luz das mais antigas;
muito ao contrário, ele se curva a quem lhe fala,
desde que lhe relatem fatos tenebrosos.
Se nada consegui com minhas advertências,   1090
volto-me para ti, divino Apolo Lício,[51]
que em teu altar estás mais próximo de nós,
prostrada e súplice com minhas oferendas;
peço-te que, purificando-nos da mácula,
possas trazer-nos afinal a salvação.   1095
Todos (por que negar?) sentimos medo hoje,
iguais a nautas ao notarem que o piloto
perde o domínio do timão e desespera.

> JOCASTA *depõe as oferendas sobre o altar de Apolo e se prosterna diante
> dele, enquanto as criadas queimam incenso. Vendo o* MENSAGEIRO
> *chegar,* JOCASTA *junta-se ao* CORO.

MENSAGEIRO

> *Dirigindo-se aos anciãos do* CORO.

Pergunto-vos onde é o palácio do rei Édipo;
dizei-me, sobretudo, onde ele próprio está.   1100

CORIFEU

Vês o palácio dele; o rei está lá dentro;
à tua frente está sua mulher e mãe[52]
dos filhos dele. Eis a resposta, forasteiro.

MENSAGEIRO

> *Dirigindo-se a* JOCASTA.

Auguro-te felicidade para sempre
entre gente feliz, perfeita companheira   1105
do homem que viemos procurar em Tebas.

JOCASTA

Desejo-te ventura idêntica, estrangeiro,
em retribuição aos votos generosos.
Mas, dize ao que vieste e que mensagem trazes.

MENSAGEIRO

Notícias favoráveis para a tua casa,   1110
senhora, e para teu real esposo, Édipo.

JOCASTA

De que se trata? De que terra estás chegando?

MENSAGEIRO

Vim de Corinto. Espero que minhas palavras
hão de trazer-te algum prazer — seguramente
elas trarão — mas podem também afligir-te.   1115

JOCASTA

Quais são essas palavras de eficácia ambígua?

MENSAGEIRO

Os habitantes todos de Corinto querem
fazer de Édipo seu rei, segundo afirmam.

JOCASTA

O quê? Já não detém o mando o velho Pôlibo?

MENSAGEIRO

Não mais; a morte acaba de levá-lo ao túmulo.   1120

JOCASTA

Estou ouvindo bem? Rei Pôlibo morreu?

MENSAGEIRO

Quero também morrer se não digo a verdade!

JOCASTA

Dirigindo-se a uma de suas criadas.

Corre, mulher! Vai sem demora anunciar
o fato ao teu senhor! Oráculos dos deuses!
A que ficastes reduzidos neste instante!   1125
Rei Édipo exilou-se apenas por temor
de destruir um dia a vida desse homem
agora morto pelos fados, não por ele!

Entra ÉDIPO.

ÉDIPO

Cara mulher, Jocasta, por que me fizeste
sair de meu palácio para vir aqui?   1130

JOCASTA

Ouve a mensagem deste forasteiro e vê
aonde levam os oráculos dos deuses.

ÉDIPO

Quem é este homem? Que vem ele anunciar-me?

JOCASTA

É de Corinto. Vem comunicar que Pôlibo,
teu pai, já não existe; acaba de morrer.   1135

ÉDIPO

Que dizes, estrangeiro? Fala-me tu mesmo!

MENSAGEIRO

Se assim desejas, falo: Pôlibo morreu.

ÉDIPO

Por traição, ou foi de morte natural?

MENSAGEIRO

Os males mais ligeiros matam gente idosa.   1140

ÉDIPO

O infeliz foi vítima de uma doença?

MENSAGEIRO

Foi, e dos muitos anos que ele viu passarem.

ÉDIPO

Por quê, mulher, devemos dar tanta atenção
ao fogo divinal da profetisa pítica
ou, mais ainda, aos pios das etéreas aves?[53]
Segundo antigas predições eu deveria   1145
matar meu próprio pai; agora ele repousa
debaixo da pesada terra e quanto a mim
não pus as mãos ultimamente em qualquer arma.

Ironicamente.

(Ele foi vítima, talvez, da grande mágoa   1150
que minha ausência lhe causou; somente assim
eu poderia motivar a sua morte...)
De qualquer forma Pôlibo pertence agora
ao reino de Hades e também levou com ele
as tristes profecias. Não, esses oráculos
carecem todos de qualquer significado.   1155

JOCASTA

Há quanto tempo venho usando essas palavras?

ÉDIPO

Dou-te razão, mas o temor desatinava-me.

JOCASTA

Pois não lhes dês mais atenção de hoje em diante.

ÉDIPO

Não deveria amedrontrar-me a perspectiva
de partilhar o tálamo de minha mãe?   1160

JOCASTA

O medo em tempo algum é proveitoso ao homem.
O acaso cego é seu senhor inevitável
e ele não tem sequer pressentimento claro
de coisa alguma; é mais sensato abandonarmo-nos
até onde podemos à fortuna instável.   1165
Não deve amedrontrar-te, então, o pensamento
dessa união com tua mãe; muitos mortais
em sonhos já subiram ao leito materno.
Vive melhor quem não se prende a tais receios.

ÉDIPO

Seria válida tua argumentação   1170
se minha mãe já fosse morta, mas é viva,
e embora julgue justas as tuas palavras
não tenho meios de evitar esse temor.

JOCASTA

De qualquer modo é grande alívio para ti
saber que Pôlibo, teu pai, está no túmulo.   1175

ÉDIPO

Concordo, mas receio aquela que está viva.

MENSAGEIRO

Que durante o diálogo de JOCASTA *com* ÉDIPO *tentara intrometer-se.*

E que mulher é causa desse teu receio?

ÉDIPO

Falo de Mérope, viúva do rei Pôlibo.

MENSAGEIRO

Ela é capaz de motivar os teus temores?

ÉDIPO

Há um oráculo terrível, estrangeiro...   1180

MENSAGEIRO

Podes expô-lo, ou é defeso a um estranho?

ÉDIPO

Vais conhecê-lo: disse Apolo que eu teria
de unir-me à minha própria mãe e derramar
com estas minhas mãos o sangue de meu pai.
Eis a razão por que há numerosos anos   1185
vivo afastado de Corinto, embora saiba
que é doce ao filho o reencontro com seus pais.

MENSAGEIRO

Deve-se o teu exílio, então, a tais receios?

ÉDIPO

Eu não queria assassinar meu velho pai.

MENSAGEIRO

Por que inda não te livrei desses temores,
senhor, se vim movido por bons sentimentos?   1190

ÉDIPO

Se for assim terás de mim o justo prêmio.

MENSAGEIRO

Estou aqui, sem dúvida, com a intenção
de beneficiar-me quando regressares...

ÉDIPO

Não voltarei a aproximar-me de meus pais!   1195

MENSAGEIRO

Não sabes o que fazes, filho; bem se vê...

ÉDIPO

Como, ancião? Desfaze minhas muitas dúvidas!

MENSAGEIRO

...se essas razões inda te afastam de Corinto.

ÉDIPO

Temo que Febo se revele um deus exato.

MENSAGEIRO

Inda receias a união com tua mãe?   1200

ÉDIPO

Exatamente, ancião; eis meu temor de sempre.

MENSAGEIRO

Sabes que nada justifica os teus receios?

ÉDIPO

Mas, como não temer se nasci deles dois?

MENSAGEIRO

Pois ouve bem: não é de Pôlibo o teu sangue!

ÉDIPO

Que dizes? Pôlibo não é então meu pai?   1205

MENSAGEIRO

Tanto quanto o homem que te fala, e nada mais.

ÉDIPO

Nada és para mim e és igual ao meu pai?

MENSAGEIRO

Ele não te gerou, e muito menos eu.

ÉDIPO

Por quê, então, ele chamava-me de filho?

MENSAGEIRO

O rei te recebeu, senhor, recém-nascido   1210
— escuta bem —, de minhas mãos como um presente.

ÉDIPO

E ele me amava tanto, a mim, que lhe viera
de mãos estranhas? É plausível esse afeto?

MENSAGEIRO

Levou-o a isso o fato de não ter um filho.

ÉDIPO

E antes de dar-me a ele havias-me comprado,
ou por acaso me encontraste abandonado?

1215

MENSAGEIRO

Achei-te lá no Citéron, num vale escuro.

ÉDIPO

Por que motivos percorrias tais lugares?

MENSAGEIRO

Levava meu rebanho ao pasto, nas montanhas.

ÉDIPO

Eras pastor, então, a soldo de um senhor?

1220

MENSAGEIRO

Era, mas te salvei naquele tempo, filho.

ÉDIPO

E como estava eu quando me descobriste?

MENSAGEIRO

Lembro-me bem de teu estado deplorável;
teus tornozelos inda testemunham isso.

ÉDIPO

Fazes-me recordar antigas desventuras!...

1225

MENSAGEIRO

Desamarrei teus tornozelos traspassados...

ÉDIPO

Segue-me esse defeito horrível desde a infância.

MENSAGEIRO

Teu próprio nome te relembra esse infortúnio.[54]

ÉDIPO

Sabes se o devo à minha mãe ou ao meu pai?

MENSAGEIRO

Não sei. Quem te entregou a mim deve saber.   1230

ÉDIPO

Não me encontraste então tu mesmo, forasteiro?

MENSAGEIRO

Não, meu senhor; trouxe-te a mim outro pastor.

ÉDIPO

Quem era ele? Podes identificá-lo?

MENSAGEIRO

Ele era tido como servidor de Laio.

ÉDIPO

Do antigo rei deste país, queres dizer?   1235

MENSAGEIRO

Exato; era pastor do rei que mencionaste.

ÉDIPO

Esse pastor inda está vivo? Posso vê-lo?

MENSAGEIRO

Dirigindo-se aos anciãos do CORO.

Sois do país. Deveis saber melhor que eu.

ÉDIPO

Dirigindo-se aos mesmos.

Algum de vós sabe quem é esse pastor?
Algum de vós o viu no campo ou na cidade?   1240
Quem sabe? Eis o momento de aclarar-se tudo.

CORIFEU

Trata-se justamente — creio — do pastor
que há pouco desejavas ver; Jocasta pode
esclarecer como ninguém essa questão.

ÉDIPO

*Dirigindo-se a JOCASTA, que acompanhava o diálogo
com visível agitação.*

Pensas, mulher, que o homem que mandei buscar   1245
há pouco é o mencionado pelo forasteiro?

JOCASTA

Agitada.

A quem aludes? Como? Não penses mais nisto!...
Afasta da memória essas palavras fúteis.

ÉDIPO

Seria inadmissível que, com tais indícios,
eu não trouxesse à luz agora a minha origem.   1250

JOCASTA

Peço-te pelos deuses! Se inda te interessas
por tua vida, livra-te dessas ideias!

À parte.

Já é demasiada a minha própria angústia!

ÉDIPO

Mesmo se for provado que sou descendente
de tripla geração de escravos, nem por isso,   1255
mulher, irás sofrer qualquer humilhação.

JOCASTA

Nada me importa! Escuta-me! Por favor: para!

ÉDIPO

Malgrado teu, decifrarei esse mistério.

JOCASTA

Move-me apenas, Édipo, teu interesse,
e dou-te o mais conveniente dos conselhos!   1260

ÉDIPO

Admito, mas esse conselho me desgosta.

JOCASTA

Ah! Infeliz! Nunca, jamais saibas quem és!

ÉDIPO

Ninguém trará até aqui esse pastor?

Um escravo sai correndo para procurar o pastor. ÉDIPO dirige-se ao MENSAGEIRO e aos anciãos do CORO.

Não vos preocupeis com a senhora; orgulha-se
de seus antepassados nobres e opulentos. 1265

JOCASTA

Ai de mim! Ai de mim! Infeliz! Eis o nome
que hoje mereces! Nunca mais ouvirás outro!

JOCASTA retira-se precipitadamente em direção ao palácio.

CORIFEU

Por que tua mulher se retirou, senhor,
arrebatada por um desespero insano?
Não seja seu silêncio aceno de desgraças! 1270

ÉDIPO

Irrompa o que tiver de vir, mas minha origem,
humilde como for, insisto em conhecê-la!
Ela, vaidosa como são sempre as mulheres,
talvez tenha vergonha de minha ascendência
obscura, mas eu sinto orgulho de ser filho 1275
da Sorte benfazeja e isso não me ofende.
Eis minha mãe; nesta existência já provei[55]
o anonimato e agora vivo em culminâncias.
Eis minha origem, nada poderá mudá-la.
Não há razões para deixar de esclarecê-la. 1280

CORO[56]

Se minha inspiração é verdadeira
e tenho a mente alerta neste instante,
não, Citéron, não, pelo Olimpo santo,[57]
não deixarás de ver no plenilúnio
nossa homenagem por haveres sido 1285
o abrigo e o sustento do rei Édipo
entregue aos teus cuidados maternais.
Iremos festejar-te e dançaremos

no chão que alimentou nosso senhor.
Sê-nos propício, Febo protetor! 1290
Quem te gerou, meu filho, e te criou
entre as donzelas de anos incontáveis,[58]
após haver-se unido a Pan, teu pai,[59]
errante nas montanhas, ou depois
de um amoroso amplexo de Loxias? 1295
Ele ama todas as planuras rústicas.
Hermes também, que reina no Cileno[60]
onde o divino Baco é morador
nos altos montes, te acolheu um dia,
rebento de uma ninfa do Helicon,[61] 1300
seu entretenimento preferido.

> *Vê-se à distância, aproximando-se, o velho pastor de Laio, entre serviçais de* ÉDIPO.

ÉDIPO

Se é lícito conjecturar, anciãos tebanos,
sobre um mortal que vejo pela vez primeira,
eis o pastor cuja presença desejávamos.
Sua velhice extrema o assemelha muito 1305
a este mensageiro. Além de outros indícios,
creio reconhecer em seus acompanhantes
os serviçais que a mando meu foram buscá-lo.

> *Dirigindo-se ao* CORIFEU.

Mas tu, que anteriormente viste este pastor,
por certo tens opinião melhor a dar. 1310

CORIFEU

Posso reconhecê-lo, se queres saber;
ele servia a Laio e lhe era mais fiel,
como pastor, que todos os demais campônios.

ÉDIPO

Dize-me agora, forasteiro de Corinto:
é este mesmo o homem de quem nos falaste? 1315

MENSAGEIRO

É ele; aqui o tens diante de teus olhos.

ÉDIPO

Dirigindo-se ao pastor recém-chegado.

Olha-me bem, ancião; responde a umas perguntas
que te farei: Serviste antigamente a Laio?

PASTOR

Eu era seu escravo; ele não me comprou;
desde pequeno fui criado em casa dele. 1320

ÉDIPO

Como vivias? Que fazias para Laio?

PASTOR

Segui durante toda a vida seus rebanhos.

ÉDIPO

Em que lugares demoravas por mais tempo?

PASTOR

No Citéron, às vezes; outras vezes, perto.

ÉDIPO

Indicando o MENSAGEIRO.

Podes dizer se te recordas deste homem? 1325

PASTOR

Qual era o seu ofício? Mostra-me o tal homem.

ÉDIPO

É este aqui. Já o encontraste alguma vez?

PASTOR

Não posso responder de súbito... Não lembro...

MENSAGEIRO

Não é surpreendente a sua hesitação;
ele esqueceu, mas vou reavivar depressa   1330
sua memória. É certo que nos conhecemos
no monte Citéron; seu rebanho era duplo,
o meu era um só e éramos vizinhos;
durou três anos essa nossa convivência
da primavera até o outono. Vindo o inverno[62]   1335
eu regressava com o rebanho aos meus estábulos
e ele trazia as muitas reses do rei Laio
aos seus currais. Não era assim? Agora lembras?

PASTOR

É bem verdade, mas passaram tantos anos...

MENSAGEIRO

Vamos adiante. Lembras-te de que me deste   1340
uma criança um dia para eu tratar
como se fosse um filho meu? Ou esqueceste?

PASTOR

Não ouvi bem. Qual a razão dessa pergunta?

MENSAGEIRO

Indicando ÉDIPO.

Aqui está a frágil criancinha, amigo.

PASTOR

Queres a tua perdição? Não calarás?   1345

ÉDIPO

Não deves irritar-te, ancião; tuas palavras,
não as deste estrangeiro, podem agastar-nos.

PASTOR

Que falta cometi, meu amo generoso?

ÉDIPO

Não respondeste à indagação sobre a criança.

PASTOR

Esse homem fala sem saber; perde seu tempo.   1350

ÉDIPO

Preferes responder por bem ou constrangido?

PASTOR

Não deves maltratar um velho! Tem piedade!

ÉDIPO

Não vamos amarrar-lhe logo as mãos às costas?

PASTOR

Sou mesmo um desgraçado! Qual a tua dúvida?

ÉDIPO

Levaste-lhe a criança a que ele se refere?   1355

PASTOR

Levei. Ah! Por que não morri naquele dia?

ÉDIPO

É o que te espera agora se silenciares.

PASTOR

Será pior ainda se eu falar, senhor!

ÉDIPO

Estás emaranhando-te em rodeios vãos.

PASTOR

Não, meu senhor! Entreguei-lhe o recém-nascido. 1360

ÉDIPO

De quem o recebeste? Ele era teu, ou de outrem?

PASTOR

Não era meu; recebi-o das mãos de alguém...

ÉDIPO

Das mãos de gente desta terra? De que casa?

PASTOR

Não, pelos deuses, rei! Não me interrogues mais!

ÉDIPO

Serás um homem morto se não responderes! 1365

PASTOR

Ele nascera... no palácio do rei Laio!

ÉDIPO

Simples escravo, ou então... filho do próprio rei?

PASTOR

Quanta tristeza! É doloroso de falar!

ÉDIPO

Mais doloroso de escutar, mas não te negues.

PASTOR

Seria filho dele, mas tua mulher   1370
que deve estar lá dentro sabe muito bem
a origem da criança e pode esclarecer-nos.

ÉDIPO

Foi ela mesma a portadora da criança?

PASTOR

Sim, meu senhor; foi Jocasta, com as próprias mãos.

ÉDIPO

Por que teria ela agido desse modo?   1375

PASTOR

Mandou-me exterminar a tenra criancinha.

ÉDIPO

Sendo ela a própria mãe? Não te parece incrível?

PASTOR

Tinha receios de uns oráculos funestos.

ÉDIPO

E quais seriam os oráculos? Tu sabes?

PASTOR

Diziam que o menino mataria o pai.   1380

ÉDIPO

Indicando o MENSAGEIRO.

Por que deste o recém-nascido a este ancião?

PASTOR

Por piedade, meu senhor; pensei, então,
que ele o conduziria a um lugar distante
de onde era originário; para nosso mal
ele salvou-lhe a vida. Se és quem ele diz,   1385
julgo-te o mais infortunado dos mortais!

ÉDIPO

Transtornado.

Ai de mim! Ai de mim! As dúvidas desfazem-se!
Ah! Luz do sol. Queiram os deuses que esta seja
a derradeira vez que te contemplo! Hoje
tornou-se claro a todos que eu não poderia   1390
nascer de quem nasci, nem viver com quem vivo
e, mais ainda, assassinei quem não devia!

ÉDIPO sai correndo em direção ao palácio. O MENSAGEIRO *sai por um
lado, o* PASTOR *por outro.*

Coro

Lento e triste.

Vossa existência, frágeis mortais,
é aos meus olhos menos que nada.
Felicidade só conheceis   1395
imaginada; vossa ilusão
logo é seguida pela desdita.
Com teu destino por paradigma,
desventurado, mísero Édipo,
julgo impossível que nesta vida   1400
qualquer dos homens seja feliz!
Ele atirava flechas mais longe
que os outros homens e conquistou
(assim pensava, Zeus poderoso)
incomparável felicidade.   1405
Fez mais ainda, pois conseguiu
matar a virgem misteriosa[63]
de garras curvas e enigmas bárbaros.
Quando ele veio de longes terras
sua presença foi para nós   1410
aqui em Tebas um baluarte;
graças a ele sobrevivemos.
Desde esse tempo, Édipo heroico,
nós te chamamos de nosso rei
e nos curvamos diante de ti,   1415
senhor supremo da grande Tebas.
E existe hoje qualquer mortal
cuja desdita seja maior?
Quem foi ferido por um flagelo
e um sofrimento mais violentos?   1420
Quem teve a vida tão transtornada?
Édipo ilustre, muito querido!
Tu és o filho que atravessou
a mesma porta por onde antes
teu pai entrara; nela te abrigas   1425
num matrimônio jamais pensado!
Como puderam, rei meu senhor,
as sementeiras do rei teu pai
dar-te acolhida, silenciosas,
por tanto tempo? Como, infeliz?   1430

O tempo eterno, que tudo vê,
mostrou um dia, malgrado teu,
as tuas núpcias abomináveis
que já duravam de longa data
e te fizeram pai com a mulher   1435
de quem és filho, com tua mãe!
Filho de Laio: prouvera aos céus
que estes meus olhos nunca, jamais
te houvessem visto! Ah! Por que viram?
Gemo e soluço. Dos lábios meus   1440
só saem gritos, gritos de dor!
E todavia graças a ti
foi-nos possível cerrar os olhos
aliviados e respirar
tranqüilamente por muito tempo.[64]   1445

> Entra um CRIADO vindo do palácio, com uma expressão de assombro.

CRIADO

Varões ilustres desta terra, sempre honrados,
que fatos ouvireis, que dores sentireis,
que luto vos aguarda como cidadãos
inda fiéis à gente e à casa dos labdácidas!
Nem mesmo as águas do Istros e do Fásis juntas[65]   1450
agora purificariam esta casa,
tão grandes são os males que ela hoje encobre!
Logo ela vai expor à luz outras desgraças,
conscientes desta vez, e não involuntárias;
os sofrimentos são inda maiores quando   1455
autor e vítima são uma só pessoa.

CORIFEU

Gemíamos sentidamente pelos fatos
já conhecidos; vais contar-nos novos males?

CRIADO

Direi depressa e ouvireis também depressa:
Jocasta não existe mais, nossa rainha!   1460

CORIFEU

Ah! Infeliz Jocasta! E como foi a morte?

CRIADO

Com as próprias mãos ela deu fim à existência.
Talvez fosse melhor poupar-vos dos detalhes
mais dolorosos, pois os fatos lastimáveis
não se desenrolaram em vossa presença.   1465
Contudo sabereis o que sofreu Jocasta,
até onde eu puder forçar minha memória.
Quando a infeliz transpôs a porta do seu quarto
lançou-se como louca ao leito nupcial;
com as duas mãos ela arrancava seus cabelos.   1470
Depois fechou as portas violentamente,
chamando aos gritos Laio há tanto tempo morto,
gritando pelo filho que trouxera ao mundo
para matar o pai e que a destinaria
a ser a mãe de filhos de seu próprio filho,   1475
se merecessem esse nome. Lamentava-se
no leito mesmo onde ela havia dado à luz
— dizia a infeliz — em dupla geração
aquele esposo tido de seu próprio esposo
e os outros filhos tidos de seu próprio filho!   1480
Como em seguida ela morreu, não sei contar.
Aos gritos Édipo acorreu, mas também ele
não pôde presenciar a morte da rainha.
Os nossos olhos não se despregavam dele
correndo como um louco em todos os sentidos,   1485
pedindo em altos brados que um de nós lhe desse
logo um punhal, gritando-nos que lhe disséssemos
onde se achava sua esposa (esposa não,
mas a mulher de cujo seio maternal
saíram ele próprio e todos os seus filhos).   1490
Em seu furor não sei que deus fê-lo encontrá-la
(não foi nenhum de nós que estávamos por perto).
Então, depois de dar um grito horripilante,
como se alguém o conduzisse ele atirou-se
de encontro à dupla porta: fez girar os gonzos, 1495
e se precipitou no interior da alcova.
Pudemos ver, pendente de uma corda, a esposa;

o laço retorcido ainda a estrangulava.
Ao contemplar o quadro, entre urros horrorosos
o desditoso rei desfez depressa o laço   1500
que a suspendia; a infeliz caiu por terra.
Vimos, então, coisas terríveis. De repente
o rei tirou das roupas dela uns broches de ouro
que as adornavam, segurou-os firmemente
e sem vacilação furou os próprios olhos,   1505
gritando que eles não seriam testemunhas
nem de seus infortúnios nem de seus pecados:
"nas sombras em que viverei de agora em diante",
dizia ele, "já não reconhecereis
aqueles que não quero mais reconhecer!"   1510
Vociferando alucinado, ainda erguia
as pálpebras e desferia novos golpes.
O sangue que descia em jatos de seus olhos
molhava toda a sua face, até a barba;
não eram simples gotas, mas uma torrente,   1515
sanguinolenta chuva em jorros incessantes.
São ele e ela os causadores desses males,
e os infortúnios do marido e da mulher
estão inseparavelmente entrelaçados.
Ambos provaram antes a felicidade,   1520
herança antiga; hoje lhes restam só gemidos,
vergonha, maldição e morte, ou, em resumo,
todos os males, todos, sem faltar um só!

Corifeu

E agora o desditoso rei está mais calmo?

Criado

Ele esbraveja e manda que abram o palácio   1525
e mostrem aos tebanos logo o parricida,
o filho cuja mãe... não posso repetir
suas sacrílegas palavras; ele fala
em exilar-se e afirma que não ficará
neste palácio, vítima das maldições   1530
por ele mesmo proferidas. Deveremos
levar-lhe apoio, dar-lhe um guia, pois seu mal
é muito grande para que ele o sofra só.

Logo ele vai aparecer. As portas abrem-se.
Vereis um espetáculo que excitaria   1535
piedade até num inimigo sem entranhas!

> *Aparece* Édipo, *com os olhos perfurados, vindo do palácio.*

CORIFEU

Ah! Sofrimento horrível para os olhos,
o mais horrível de todos que vi!
Ah! Que loucura, infortunado Édipo,
tombou neste momento sobre ti?   1540
Que divindade consumou agora
teu trágico destino inelutável,
prostrando-te com males que ultrapassam
a intensidade máxima da dor?
Ah! Como és infeliz! Faltam-me forças   1545
para encarar-te, e eu desejava tanto
fazer indagações, ouvir-te, olhar-te;
é muito forte a sensação de horror
que teu aspecto lastimável causa!

ÉDIPO

Ai de mim! Como sou infeliz!   1550
Aonde vou? Aonde vou? Em que ares
minha voz se ouvirá? Ah! Destino!...
Em que negros abismos me lanças?

CORIFEU

Num turbilhão de imensa dor, insuportável
até na descrição, até à simples vista!   1555

ÉDIPO

Nuvem negra de trevas, odiosa,
que tombaste do céu sobre mim,
indizível, irremediável,
que não posso, não posso evitar!
Infeliz! Infeliz outra vez!   1560
Com que ponta aguçada me ferem

o aguilhão deste meu sofrimento
e a lembrança de minhas desgraças?

CORIFEU

É natural que se teus males crescem tanto
os teus gemidos também sejam redobrados,   1565
pois pesam-te nos ombros redobradas penas.

ÉDIPO

Ah! Amigo! És o único amigo
que me resta, pois inda te ocupas
deste cego em que me transformei.
Ai de mim! Sei que estás muito perto;   1570
mergulhado na noite eu ainda
reconheço-te a voz, companheiro!

CORIFEU

Terríveis atos praticaste! Como ousaste
cegar teus próprios olhos? Qual das divindades
deu-te coragem para ir a tais extremos?   1575

ÉDIPO

Foi Apolo! Foi sim, meu amigo!
Foi Apolo o autor de meus males,
de meus males terríveis; foi ele!
Mas fui eu quem vazou os meus olhos.
Mais ninguém. Fui eu mesmo, o infeliz!   1580
Para que serviriam meus olhos
quando nada me resta de bom
para ver? Para que serviriam?

CORO

Nada dizes além da verdade.

ÉDIPO

Que haveria de olhar ou amar?   1585

Que palavras ainda ouviria
com prazer, meus amigos? Nenhuma!
Só me resta pedir-vos: levai-me
para longe daqui sem demora.
Eu vos peço: levai, meus amigos, 1590
o maldito, motivo de horror,
odiado por deuses e homens!

CORIFEU

Quantos motivos tens para lamentações!
São grandes os teus males e inda sofres mais
por teres a noção de sua enormidade. 1595
Ah! Se eu jamais te houvesse conhecido, Édipo!

ÉDIPO

Por que vive esse homem que outrora
num recanto deserto livrou
os meus pés das amarras atrozes
e salvou-me da morte somente 1600
para ser infeliz como sou?
Se eu tivesse morrido mais cedo
não seria o motivo odioso
de aflição para meus companheiros
e também para mim nesta hora! 1605

CORIFEU

Essa é também a minha opinião sincera.

ÉDIPO

E jamais eu seria assassino
de meu pai e não desposaria
a mulher que me pôs neste mundo.
Mas os deuses desprezam-me agora 1610
por ser filho de seres impuros
e porque fecundei — miserável! —
as entranhas de onde saí!
Se há desgraça pior que a desgraça,
ela veio atingir-me, a mim, Édipo! 1615

CORIFEU

Não sei como justificar tua atitude.
Talvez fosse melhor morrer que viver cego.

ÉDIPO

Não tentes demonstrar que eu poderia agir
talvez de outra maneira, com maior acerto.
Não quero teus conselhos. Como encararia   1620
meu pai no outro mundo, ou minha mãe, infeliz,
depois de contra ambos perpetrar tais crimes
que nem se me enforcassem eu os pagaria?
Teria eu algum prazer vendo o semblante
dos pobres filhos meus, nascidos como foram?   1625
Não, certamente já não poderia vê-los,
nem a minha cidade, nem seus baluartes,
nem as imagens sacrossantas de seus deuses,
eu, o mais infeliz entre os desventurados!
Após haver vivido em Tebas a existência   1630
mais gloriosa e bela eu mesmo me proibi
de continuar a usufruí-la ao ordenar
que todos repelissem o maldito ser,
impuro para os deuses, da raça de Laio.
Depois de ter conhecimento dessa mácula   1635
que pesa sobre mim, eu poderia ver
meu povo sem baixar os olhos? Não! E mais:
se houvesse ainda um meio de impedir os sons
de me chegarem aos ouvidos eu teria
privado meu sofrido corpo da audição   1640
a fim de nada mais ouvir e nada ver,
pois é um alívio ter o espírito insensível
à causa de tão grandes males, meus amigos.

> *Pausa.*

Ah! Citéron! Por que tu me acolheste um dia?
Por que não me mataste? Assim eu não teria   1645
jamais mostrado aos homens todos quem eu sou!
Ah! Pôlibo e Corinto! Ah! Palácio antigo
que já chamei de casa de meus pais! Que nódoas
maculam hoje aquele que vos parecia

outrora bom e tantos males ocultava!... 1650
Pois hoje sou um criminoso, um ser gerado
por criminosos como todos podem ver.
Ah! Tripla encruzilhada, vales sombreados,
florestas de carvalhos, ásperos caminhos,
vós que bebestes o meu sangue, derramado 1655
por minhas próprias mãos — o sangue de meu pai —
ainda tendes a lembrança desses crimes
com que vos conspurquei? Pois outros cometi
depois. Ah! Himeneu! Deste-me a existência
e como se isso não bastasse inda fizeste 1660
a mesma sementeira germinar de novo!
Mostraste ao mundo um pai irmão dos próprios filhos,
filhos-irmãos do próprio pai, esposa e mãe
de um mesmo homem, as torpezas mais terríveis
que alguém consiga imaginar. Mostraste-as todas! 1665

       Pausa.

Mas vamos logo, pois não se deve falar
no que é indecoroso de fazer. Levai-me!
Depressa, amigos! Ocultai-me sem demora
longe daqui, bem longe, não importa onde;
matai-me ou atirai-me ao mar em um lugar 1670
onde jamais seja possível encontrar-me!
Aproximai-vos e não tenhais nojo, amigos,
de pôr as vossas mãos em mim, um miserável.
Crede-me! Nada receeis! Meu infortúnio
é tanto que somente eu, e mais ninguém, 1675
serei capaz de suportá-lo nesta vida!

       Entra CREONTE.

CORIFEU

Para atender ao teu pedido e aconselhar-te
chega Creonte em boa hora; ele tornou-se
o único guardião de Tebas, sucedendo-te.

ÉDIPO

Que poderia eu dizer-lhe e esperar dele? 1680
Antes fui por demais injusto com Creonte.

CREONTE

Não vim até aqui para insultar-te, Édipo,
nem para censurar teus erros no passado.
Mas vós, homens de Tebas, se não respeitais
as gerações dos homens, reverenciai   1685
ao menos esta luz do sol, nutriz de tudo.
Sede mais recatados; não queirais mostrar
assim sem véus este ente impuro, tão impuro
que nem a terra, nem a chuva abençoada,
nem mesmo a luz agora poderão tocar.   1690
Levai-o logo até o palácio; é sobretudo
aos consanguíneos, só a eles, que as desditas
de seus parentes, tanto vistas como ouvidas,
inspiram piedade. Não deveis tardar!

ÉDIPO

Escuta-me, Creonte, pelos deuses peço-te,   1695
a ti, que, contrariando a minha expectativa,
te mostras bom para com este criminoso
pior que todos: é no teu próprio interesse,
e não no meu, que antes de ir quero falar.

CREONTE

E que pretendes conseguir de mim ainda?   1700

ÉDIPO

Lança-me fora desta terra bem depressa,
em um lugar onde jamais me seja dado
falar a ser humano algum e ser ouvido.

CREONTE

Eu já teria satisfeito o teu desejo
se não quisesse antes indagar do deus   1705
qual deve ser minha conduta nesta hora.

ÉDIPO

Mas o divino mandamento é conhecido:
mate-se o parricida, mate-se o impuro!

CREONTE

Sim, isso já foi dito, mas nesta emergência
convém saber exatamente o que fazer.   1710

ÉDIPO

Consultarás então o oráculo a propósito
de um miserável como eu? Será preciso?

CREONTE

E desta vez crerás em suas predições.

ÉDIPO

Suplico-te além disso que tu mesmo cuides
de um funeral conveniente à infeliz   1715
inda insepulta no palácio; cumprirás
apenas um dever, pois ela tem teu sangue.
Jamais permitas, quanto a mim, que eu inda habite
a terra de meus ancestrais; deixa-me antes
viver lá nas montanhas, lá no Citéron,   1720
a pátria triste que meus pais me destinaram
para imutável túmulo quando nasci;
assim eu morrerei onde eles desejaram.
Há uma coisa, aliás, que tenho como certa:
não chegarei ao fim da vida por doença   1725
nem males semelhantes, pois se me salvei
da morte foi para desgraças horrorosas.
Mas siga então seu curso meu destino trágico,
qualquer que seja ele. Quanto aos filhos meus
varões, não devem preocupar-te, pois são homens;   1730
onde estiverem não carecerão jamais
de nada para subsistir; mas minhas filhas

tão infelizes, dignas de tanta piedade,
que partilharam de minha abundante mesa,
e cujas mãos eu dirigi aos pratos próprios,   1735
zela por elas, peço-te por tudo, e deixa-me
tocá-las uma vez ainda com estas mãos
e deplorar a sua desventura enorme!
Atende-me, Creonte, rei de raça nobre!
Sentindo-as pelo toque destas minhas mãos,   1740
creria que inda as tenho como quando as via.

Ouve-se o choro de crianças nas proximidades.

Que ouço, deuses? Devem ser as minhas filhas,
as minhas duas filhas muito amadas, perto,
chorando! Foi Creonte que se condoeu
e mandou virem as crianças? É verdade?   1745

CREONTE

Foi, sim. Mandei trazê-las. Eu sabia, Édipo,
que a ânsia de revê-las te invadia a alma.

Entram ANTÍGONA *e* ISMENE, *ainda crianças, trazidas por uma criada.*

ÉDIPO

Sejas feliz por as deixares vir, Creonte!
Protejam-te os augustos deuses mais que a mim!
Minhas crianças, onde estais? Vinde até mim!   1750
Vinde até minhas mãos... fraternas. Foram elas
— estas mãos — que privaram meus olhos da luz,
olhos outrora brilhantes de vosso pai!
Eu nada via então, desconhecia tudo,
minhas pobres crianças, e vos engendrei   1755
no ventre de onde eu mesmo antes saíra! Choro!
Choro por vós, pois já não posso contemplar-vos,
pensando nas inumeráveis amarguras
que ides suportar ao longo desta vida.
A que assembleias dos tebanos, a que festas   1760
ireis sem regressar ao lar antes da hora,
chorando lágrimas sem conta? E quando houverdes
chegado à idade florescente do himeneu,

quem, minhas filhas, quem terá a ousadia
de carregar convosco todas as torpezas   1765
que serão sempre a maldição de minha raça
e da que nascerá de vós? Que falta agora
à vossa desventura? Vosso pai matou
seu próprio pai e desposou a própria mãe,
de quem ele nasceu, e vos gerou depois   1770
nas entranhas onde há mais tempo foi gerado!
Eis as injúrias que sempre tereis de ouvir!
E quem vos há de desposar? Quem, minhas filhas?
Ninguém! Ninguém, crianças, e definhareis
estéreis e na solidão! E tu, Creonte,   1775
que agora és pai — apenas tu — destas crianças,
pois a mãe delas e eu nada mais somos, ouve:
não abandones estas criaturas frágeis,
do mesmo sangue teu, à sua própria sorte!
Esperam-nas sem ti a fome e a mendicância.   1780
Não lhes imponhas uma vida igual à minha.
Tem piedade delas, vendo-as, nesta idade,
privadas de qualquer apoio, salvo o teu:
faze um sinal de assentimento, homem bom!
Sê generoso! Toca-me com tua mão![66]   1785

> CREONTE *atende ao pedido de* ÉDIPO.

E vós, minhas crianças, se já possuísseis
entendimento eu vos daria um só conselho:
apenas desejai, onde estiverdes, filhas,
viver uma existência mais feliz que a minha!

CREONTE

Já choraste demais. Volta agora ao palácio, infeliz.   1790

ÉDIPO

Tuas ordens são desagradáveis, mas devo segui-las.

CREONTE

Ages bem. Tudo é bom quando é feito na hora oportuna.

ÉDIPO

Por acaso já sabes em que condições eu irei?

CREONTE

Só depois de tu mesmo as dizeres poderei sabê-las.

ÉDIPO

Deverás afastar-me de Tebas, Creonte, exilando-me.   1795

CREONTE

Só o deus poderá decidir quanto ao teu banimento.

ÉDIPO

Mas os deuses me odeiam!

CREONTE

Talvez ouvirão teu pedido.

ÉDIPO

És sincero, Creonte?

CREONTE

Só falo depois de pensar.

ÉDIPO

Então leva-me!

CREONTE

Vamos depressa! Libera as crianças.

ÉDIPO

Não as tires de mim, por favor!

CREONTE

Não pretendas mandar.   1800
Teu poder de outros tempos agora deixou de existir.

ÉDIPO, conduzido por CREONTE, encaminha-se lentamente para o palácio, seguido a certa distância pelas filhas e pela criada.

CORIFEU

Vede bem, habitantes de Tebas, meus concidadãos!
Este é Édipo, decifrador dos enigmas famosos;
ele foi um senhor poderoso e por certo o invejastes
em seus dias passados de prosperidade invulgar.   1805
Em que abismos de imensa desdita ele agora caiu!
Sendo assim, até o dia fatal de cerrarmos os olhos
não devemos dizer que um mortal foi feliz de verdade
antes dele cruzar as fronteiras da vida inconstante
sem jamais ter provado o sabor de qualquer sofrimento!   1810

FIM

Notas ao *Édipo Rei*

1. *Cadmo*: fundador de Tebas, cidade principal da Boiotia (Beócia), região do sudeste da Grécia.

2. *Ramos trançados em coroas*: insígnias dos suplicantes.

3. *Palas*: um dos nomes de Atena, deusa da mitologia grega.

4. *Deus Ismênio*: Apolo, deus da mitologia grega, patrono dos oráculos.

5. *A divindade portadora do flagelo*: Ares, deus da mitologia grega (veja-se a nota 18).

6. *Hades*: a região subterrânea para onde iam os mortos segundo as crenças dos antigos gregos, e também o deus maior do mundo dos mortos.

7. *Cruel cantora*: a Esfinge, monstro fabuloso com cabeça e busto de mulher, corpo de leoa, cauda em forma de serpente, asas de ave, garras de leoa e voz humana. Fixara-se nas vizinhanças de Tebas e mantinha toda a região alarmada por causa dos enigmas que cantava, devorando quem não os decifrasse. Um oráculo declarara que a Esfinge se destruiria a si própria no dia em que seus enigmas fossem decifrados. Um deles era: "que animal anda com quatro pernas de manhã, duas ao meio-dia e três à tarde?". Diante da situação calamitosa criada pelos enigmas da Esfinge, Creonte, que em consequência da morte de Laio detinha o poder em Tebas, teria prometido o trono e sua irmã Jocasta (viúva de Laio) em casamento a quem livrasse a região do monstro, decifrando-lhe os enigmas. Édipo teria conseguido vencer a Esfinge, respondendo que o animal aludido no enigma transcrito acima era o homem que na infância (manhã da vida) usava as mãos e os pés para engatinhar; depois (meio-dia) usava os pés, e na velhice (tarde) tinha de recorrer a um bordão para poder caminhar.

8. *Por mim mesmo*: os espectadores atenienses deviam sentir, nesse "por mim mesmo" aparentemente inocente, um primeiro toque da ironia trágica habilmente manejada por Sófocles, pois o que Édipo dizia (talvez por mero formalismo) aplicava-se na realidade mais a ele, que muito haveria de chorar por seus próprios infortúnios.

9. *Santuário pítico do augusto Febo*: nome antigo de Delfos, cidade em que ficava o famoso templo e oráculo de Apolo, era Pito. Febo era um dos epítetos de Apolo (Phoibos = luminoso).

10. *Bagas de loureiro*: o templo de Apolo em Delfos ficava num bosque de loureiros. Os consulentes do oráculo coroavam-se com um ramo de loureiro carregado de bagas.

11. *O deus*: Apolo, que ordenara a punição do culpado.

12. *Doces palavras*: O oráculo. Embora o deus dos oráculos fosse Apolo, atribuía-se a Zeus, o deus maior da mitologia grega, a inspiração, em última instância, da comunicação entre os deuses e os mortais.

13. *Deus salutar de Delos*: Apolo, que teria nascido em Delos (uma das ilhas Cíclades), onde possuía um templo. Apolo era cultuado no templo de Delos, considerado por alguns uma das sete maravilhas do mundo antigo, sob o epíteto de *Paian*, cujo significado é Salvador (aquele que cura os males físicos).

14. *Filha da esperança áurea, voz imortal*: a pitonisa, que proferia os oráculos no templo de Apolo em Delfos (antiga Pito; veja-se a nota 9).

15. *Ártemis*: deusa da caça da mitologia grega.

16. *Deus crepuscular*: Hades, deus dos mortos e, por extensão, o lugar para onde iam os mortos (veja-se a nota 6).

17. *Filha rutilante*: Ártemis, guardiã de Tebas (veja-se o verso 198).

18. *Ares*: deus da destruição, seja pela guerra, seja por outras calamidades.

19. *Sem o bronze dos escudos*: sem que houvesse guerra.

20. *Leito imenso de Anfitrite*: Anfitrite era uma das Nereides (divindades dos mares), exercendo seu domínio sobre o atual Oceano Atlântico, que é o *leito imenso de Anfitrite*.

21. *Mar Trácio*: mar situado na parte oriental do Mediterrâneo.

22. *Montes lícios*: da Lícia, região da Ásia Menor, preferida por Ártemis, para suas caçadas.

23. *Baco*: divindade das mais antigas da mitologia grega, especialmente cultuada em Tebas. As Mênades eram suas sacerdotisas e o acompanhavam em suas correrias orgiásticas pelas montanhas, que eram seus domínios.

24. *Contra esse deus*: Ares. Veja-se a nota 18.

25. *Cadmeus*: os habitantes de Tebas, descendentes de Cadmos, fundador lendário da cidade. Veja-se a nota 1.

26. *Como por meu pai*: Édipo usa, inconscientemente, uma expressão correspondente à realidade.

27. *Labdácida*: Laio, filho de Lábdaco (veja-se o verso 265).

28. *Polidoro, Cadmos, Agenor*: antepassados ilustres de Laio, antigos reis de Tebas.

29. *A revelação dos pássaros*: o voo dos pássaros era um dos sinais a que os adivinhos recorriam para seus vaticínios.

30. *Salva-me a mim também*: a ironia trágica de mais esta frase contrastará com a revelação que o próprio Tirésias irá fazer e que será o primeiro passo para a perdição de Édipo.

31. Tirésias refere-se às imprecações lançadas por Édipo contra o assassino de Laio, ignorando que o criminoso era ele mesmo (vejam-se os versos 277 e seguintes).

32. *Em que a Esfinge lhes propunha enigmas*: literalmente "em que a cadela lhes dizia versos" (veja-se a nota 7). No verso 273: "versos tenebrosos" eram os enigmas da Esfinge.

33. *Inspiração das aves*: veja-se a nota 29.

34. *Sem nada conhecer, eu, Édipo*: no texto original deste verso há uma aliteração, recurso muito usado pelos poetas gregos: *medên eidós Oidípous*.

35. *Loxias*: um dos epítetos de Apolo, significando "oblíquo", em alusão à dubiedade dos oráculos desse deus.

36. *Citéron*: montanha da Boiotia cortada por vales verdejantes, visível de Tebas. Haverá ainda muitas alusões ao Citéron no decurso da tragédia.

37. *A voz fatídica da pedra de Delfos*: a pitonisa do templo de Delfos proferia os oráculos sentada numa pedra.

38. *Fúrias*: em grego *Erínies*, divindades vingadoras dos crimes entre consanguíneos, às vezes chamadas eufemisticamente de Eumênides (Benévolas).

39. *Parnaso*: montanha da região de Fócis (centro-sul da Grécia), uma das mais altas da Europa. Seu cume coberto de neve era visível de Corinto; Delfos, com seu templo e oráculo famosos, ficava situada nas encostas do Parnaso.

40. *Âmago da terra*: por causa do oráculo, Delfos era considerado o centro — o âmago — do mundo.

41. *O adivinho*: Tirésias.

42. *Labdácidas*: veja-se a nota 27.

43. *Descendente de Pôlibo*: ainda se supunha que Édipo fosse realmente filho de Pôlibo, rei de Corinto.

44. Alusão à Esfinge, vencida por Édipo. Veja-se a nota 7.

45. *Dórica*: da Dóris, região da Grécia próxima da Fócis.

46. *De falar-me*: em consequência das imprecações do próprio Édipo quando, desconhecendo que matara Laio, resolveu descobrir o assassino (vejam-se os versos 264 e seguintes).

100   A trilogia tebana

47. *À esquerda e à direita*: para observar a direção do voo dos pássaros, indicadora de presságios bons ou maus. Vejam-se as notas 29 e 33.

48. *Centro sacrossanto do mundo*: literalmente "umbigo". Veja-se a nota 40.

49. *Abas*: localidade próxima de Delfos, onde havia outro oráculo.

50. *Olímpia*: cidade situada na Élis, região da Grécia. Nela havia um oráculo de Zeus, também famoso.

51. *Apolo Lício*: "Lício" era um dos epítetos de Apolo.

52. Terminando o verso com "... sua mulher e mãe" e deslocando "dos filhos dele" para o início do verso seguinte, procurou-se conservar o efeito do original onde a sequência das palavras, interrompida por um *enjambement*, dá lugar a uma ambiguidade momentânea, condizente com as verdadeiras relações entre Jocasta e Édipo, ainda desconhecidas a essa altura.

53. *Aos pios das etéreas aves*: o pio das aves tinha significação especial para os adivinhos.

54. O original pressupõe que Édipo (*Oidípous*) seja composto de *oidao* (incho) e *pous* (pés). O nome do herói significaria "pés inchados".

55. *Eis minha mãe*: frase de duplo sentido, que tanto pode referir-se à sorte, de quem Édipo acabara de falar, como a Jocasta, que se retirara havia poucos momentos.

56. Iludido pelas palavras do mensageiro e pelo efeito por elas produzido sobre Édipo, o coro entrega-se a manifestações de alegria nesse hiporquema (parte coral em ritmo vivaz, apropriado à dança que o acompanhava). Sófocles gostava de incluir esses hiporquemas em suas peças para produzir um efeito contraditório, pouco antes da catástrofe (em sentido técnico, "catástrofe" é o ponto da tragédia em que ocorre a reviravolta para pior, na sorte do protagonista). Maurice Croiset, na *Histoire de la littérature grecque*, vol. III, página 274, diz a propósito: "Trata-se de produzir um sentimento efêmero de júbilo, devido quase sempre a um equívoco e, para traduzir essa alegria súbita, sua poesia assume uma leveza de ímpeto que atrai naturalmente a dança." Compare-se: Sófocles, *Traquínias*, versos 205-224.

57. *Olimpo*: montanha elevada na Grécia central, morada dos deuses. Para o Citéron, veja-se a nota 36.

58. *Donzelas de anos incontáveis*: as Ninfas, divindades das florestas, habitantes do Citéron.

59. *Pan*: divindade dos bosques, companheiro das Ninfas.

60. *Hermes*: deus que também amava a vida em contacto com a natureza e procurava a companhia das Ninfas.

61. *Helicon*: montanha na Boiotia, na fronteira da Fócis consagrada às Musas.

62. *Outono*: literalmente "Arcturo", estrela principal da constelação do Boieiro, que marcava a volta do outono.

63. *A virgem misteriosa*: a Esfinge.

64. Ao destruir a Esfinge, Édipo restituíra a tranquilidade aos tebanos, permitindo-lhes cerrar os olhos para dormir.

65. *Istros e Fásis*: Istros era a antiga denominação do Danúbio; o Fásis (atualmente Faoz, na Armênia) desembocava, como o Istros, no mar Negro, e era considerado pelos antigos o maior rio da Ásia.

66. Os espectadores atenienses sabiam que, ao contrário do que pedira Édipo, Creonte mandaria matar Antígona mais tarde, pelo fato de ela querer prestar as honras fúnebres a um de seus irmãos (veja-se a *Antígona*). O conhecimento dessa circunstância devia tornar ainda maior a desgraça de Édipo aos olhos do público ateniense.

ÉDIPO EM COLONO

Época da ação: idade heroica da Grécia.
Local: Colono, um povoado situado a pouca distância de Atenas.
Primeira representação: 401 a.C., em Atenas.

PERSONAGENS

ÉDIPO, ex-rei de Tebas
ANTÍGONA, filha de Édipo e de Jocasta
ESTRANGEIRO (um habitante de Colono)
CORIFEU
CORO de anciãos da Ática
ISMENE, filha de Édipo e de Jocasta e irmã de Antígona
TESEU, rei de Atenas
CREONTE, rei de Tebas, sucessor de Édipo no trono
POLINICES, filho de Édipo e de Jocasta e irmão de Antígona e Ismene
MENSAGEIRO

Cenário

Orla de um bosque diante do qual passa um caminho por onde chega ÉDIPO, *cego e guiado por* ANTÍGONA. *Vê-se a pouca distância a estátua do herói* COLONO, *epônimo do povoado.*

ÉDIPO

Filha do velho cego, a que lugar chegamos,
Antígona? A que cidade? De que povo
é esta terra? Quem irá oferecer
a Édipo sem rumo uma mísera esmola?
Peço tão pouco e me dão menos que esse pouco   5
e isso basta-me; de fato, os sofrimentos,
a longa convivência e meu altivo espírito
me ensinam a ser paciente. Mas, se vês
um chão onde eu possa deter-me e repousar,
seja em solo profano, seja em algum bosque   10
dos deuses, pára e deixa-me sentar,
pois quero perguntar o nome desta terra;
devemos como forasteiros consultar
os cidadãos daqui e ouvir-lhes os conselhos.

ANTÍGONA

Meu pai, desventurado Édipo, já vejo   15
as torres protetoras da cidade ao longe;
este lugar é certamente consagrado;
há por aqui muitos loureiros, oliveiras
e também parreiras, e sob essa folhagem
os rouxinóis de um coro alado estão cantando   20
harmoniosamente. Senta logo aqui,
repousa nesta pedra gasta; teu caminho
foi muito longo para o ancião que és.

ÉDIPO

Leva-me à pedra, então, e cuida deste cego.

ANTÍGONA

O tempo me ensinou também a fazer isso.   25

ÉDIPO

Podes dizer-me agora aonde nós chegamos?

ANTÍGONA

Pelo que vejo, estamos próximos de Atenas.

ÉDIPO

Ouvimos dos passantes essa informação.

ANTÍGONA

Devo indagar o nome desta região?

ÉDIPO

Sim, filha, e se podemos residir aqui.   30

ANTÍGONA

Já posso ver os habitantes; não teremos
de procurá-los; um deles já se aproxima.

ÉDIPO

Ele está caminhando em nossa direção?

Aproxima-se a passos rápidos um morador.

ANTÍGONA

Ei-lo presente; dize o que te parecer
conveniente; o homem está entre nós.   35

ÉDIPO

Ouço, estrangeiro, esta moça que vê por mim
e vê também por si mesma dizer que estás
perto de nós para tirar as nossas dúvidas...

ESTRANGEIRO

Antes de completar a tua indagação
sai dessa pedra; estás em local interdito.   40

ÉDIPO

Em que local estamos, e qual é seu deus?

ESTRANGEIRO

Ninguém pode pisá-lo nem demorar nele,
pois suas donas são as deusas pavorosas,[1]
filhas do Solo e das Sombras impenetráveis.

ÉDIPO

E por que nome augusto pode-se invocá-las?   45

ESTRANGEIRO

A gente desta terra as chama geralmente
de Eumênides onividentes; outros povos
preferem dar-lhes nomes mais de seu agrado.

ÉDIPO

Então, acolham elas favoravelmente
seu suplicante, pois jamais me afastarei   50
deste lugar onde afinal me sento agora.

ESTRANGEIRO

Que dizes?

ÉDIPO

É o mandamento de meu destino.

ESTRANGEIRO

Por mim não tenho a pretensão de remover-te
sem ordem da cidade; antes perguntarei,
à luz dos fatos, o que deverei fazer.   55

ÉDIPO

Peço-te, então, em nome de todos os deuses:
não deixes de dizer a este pobre errante
aquilo que tanto desejo ouvir de ti.

ESTRANGEIRO

Explica-te e não te recusarei resposta.

ÉDIPO

Qual é, de fato, este lugar em que pisamos?   60

ESTRANGEIRO

Escuta-me e ouvirás tudo que eu mesmo sei.
Este lugar é consagrado; ele pertence
a Poseidon, senhor dos mares; nele mora
o titã Prometeu, deus portador do fogo.
O chão que pisas é chamado umbral de bronze   65
destas paragens, sustentáculo de Atenas.
Os campos próximos pretendem que Colono,
o deus equestre cuja estátua vês ali,
foi seu primeiro dono, e todos nós daqui
usamos juntos o nome tirado dele.   70
São coisas, estrangeiro, que não mereceram
entrar na história; vem-se aqui para aprendê-las.

ÉDIPO

Há, então, habitantes nesta região?

ESTRANGEIRO

Há, certamente, e devem o seu nome ao deus.

ÉDIPO

Alguém os rege, ou a palavra está com o povo? 75

ESTRANGEIRO

Seu governante é o rei, que vive na cidade.

ÉDIPO

Quem é o dono da palavra e do poder?

ESTRANGEIRO

Teseu é o rei, e seu pai foi o antigo Egeu.

ÉDIPO

E algum de vós será capaz de ir falar-lhe?

ESTRANGEIRO

Para informá-lo, ou pedir-lhe que venha cá? 80

ÉDIPO

Para colher um grande bem com um favor mínimo.

ESTRANGEIRO

Que bem lhe poderá trazer um homem cego?

ÉDIPO

Falar-lhe-ei com a máxima clarividência.

Estrangeiro

Percebes, forasteiro, o que deves fazer
agora se quiseres evitar um erro?   85
És nobre, bem se vê, apesar da má sorte.
Fica onde estavas quando cheguei e te vi,
até que eu vá contar aos outros moradores
daqui, e não aos da cidade, as novidades;
eles decidirão se ficas ou se partes.   90

Sai o Estrangeiro.

Édipo

Dize-me, filha: foi-se embora o estrangeiro?

Antígona

Ele partiu, meu pai, e já podes falar
o que quiseres, pois só eu estou aqui.

Édipo

Terrificantes deusas, já que vosso assento
é o primeiro nesta terra sobre o qual   95
dobrei os meus joelhos, não me hostilizeis,
nem ao deus Febo,[2] pois quando ele proclamou
o meu destino cheio de infelicidade
disse que este lugar seria o meu refúgio,
depois de errar por muitos anos, ao chegar   100
a este solo onde acharia finalmente
um paradeiro acolhedor, inda que fosse
para encerrar aqui a minha triste vida;
e por haver morado nesta região
traria o bem a quantos me acolhessem   105
e ruína certa a quem quisesse repelir-me,
fazendo-me voltar à estrada. Prosseguindo,
o deus me descreveu sinais reveladores
dos eventos futuros, como terremotos,
relâmpagos vindos de Zeus, talvez trovões.   110
Percebo agora que em minha longa jornada
me conduziu seguramente a este bosque

uma premonição qualquer que me mandastes;
se assim não fosse, jamais nos encontraríamos,
vós, a quem não é lícito ofertar o vinho,   115
e eu, que não o tenho para oferecer-vos;
sem vós jamais me sentaria nesta pedra
santificada que nunca ninguém talhou.
Então, deusas, de acordo com as ordens de Apolo
dai-me afinal um meio de findar a vida,   120
se não me achais indigno dessa vossa graça,
eu, escravo para sempre das desditas
mais lamentáveis reservadas aos mortais!
Ouvi-me, doces filhas das primevas Sombras!
Ouve-me, Atenas, também tu que recebeste   125
o nome ínclito de Palas,[3] tu, cidade
mais venerada que todas as muitas outras!
Tende piedade dos vestígios infelizes
de Édipo, que já não é o homem de antes!

ANTÍGONA

Cala-te! Estão chegando aqui alguns anciãos;   130
agora olham-te sentado nesta pedra.

ÉDIPO

Calar-me-ei, e tu, oculta-me no bosque,
fora da estrada; quero ouvir-lhes as palavras,
pois as informações nos fazem ser prudentes.

> *ÉDIPO oculta-se no bosque com* ANTÍGONA; *entra o* CORO, *composto de anciãos colonenses distribuídos em pequenos grupos e conversando em cena.*

CORO

Muita atenção! Quem é? Onde ele está?   135
Em que lugar se oculta este insolente
mais que todos os outros? Olha bem,
procura atentamente em toda parte!
O ancião por certo é um vagabundo,
um simples vagabundo; ele não é   140
um morador deste lugar; se fosse,

nunca, jamais invadiria o bosque
proibido das Virgens Invencíveis,
cujo nome pronunciamos trêmulos
e pelas quais passamos sem olhar   145
e sem falar sequer uma palavra,
com a boca em devoção silenciosa.
Agora dizem que chegou aqui
um homem que não as reverencia;
ainda não consigo percebê-lo;   150
embora meu olhar percorra todo
este lugar sagrado, inda não posso
ver onde fica o seu esconderijo.

ÉDIPO

Saindo com ANTÍGONA *do esconderijo.*

O homem que estais buscando sou eu mesmo; enxergo
graças às vozes, como diz certo provérbio.   155

CORIFEU

Esta cena é terrível de ver e de ouvir!

ÉDIPO

Suplico-vos que não me olheis como um facínora!

CORIFEU

Zeus protetor! Quem será este pobre ancião?

ÉDIPO

De forma alguma alguém capaz de merecer
a primazia entre as criaturas venturosas,   160
guardiãs desta terra! Se não fosse assim
não me veríeis caminhando por aqui
com os olhos de outrem,[4] e eu, que sou um homem feito,
não usaria uma menina como guia.

CORO

Ah! Esses olhos!... Já nasceste cego? 165
Viveste muito, é obvio; tua vida
foi dura, mas se depender de mim
não a sobrecarregarás ainda
com novas desventuras, ancião.
Foste longe, longe demais! Evita, 170
andando sobre a relva deste bosque
mudo, chegar inadvertidamente
até a grande taça cuja água
é misturada ao mel nas libações!
Cuidado, estrangeiro infeliz! Afasta-te 175
daí! Há entre nós um amplo espaço.
Estás me ouvindo, andarilho inditoso?
Se tens algo a dizer-nos em conversa,
afasta-te do sítio proibido;
quando estiveres em lugar aberto 180
a todos, fala! Até então, cuidado!

ÉDIPO

Que decisão devo tomar agora, filha?

ANTÍGONA

Devemos adaptar-nos, pai, às tradições
dos habitantes desta terra, obedecendo-lhes
sempre que seja necessário e os ouvindo. 185

ÉDIPO

Concordo; pega a minha mão!

ANTÍGONA

     Já a seguro.

ÉDIPO

Não permitais que eu seja injustiçado agora,
estrangeiros, por ter acreditado em vós
e abandonado o meu refúgio para ouvir-vos.

CORIFEU

Não, ancião; jamais alguém tirar-te-á 190
contra a tua vontade daí onde estás.

Édipo começa a caminhar.

ÉDIPO

Detendo-se após alguns passos.

Uns passos mais?

CORO

Avança mais um pouco!

ÉDIPO

Mais?

CORO

Fá-lo avançar, moça, pois enxergas!
....
....
.... 5

ANTÍGONA

Vem, pai, comigo, vem andando assim...

ÉDIPO

Ai de mim! 195

ANTÍGONA

...vem marchando como um cego.

CORO

Resigna-te, infeliz, como estrangeiro
em solo alheio, a detestar agora
tudo que é interdito nesta terra,
e a respeitar tudo que ela prefere.

ÉDIPO

Leva-me, filha, então, ao lugar onde eu possa   200
falar e ouvir sem infringir a piedade;
não devemos lutar contra o inevitável

> *ÉDIPO, avançando, pisa num degrau de pedra existente no limiar do bosque.*

CORIFEU

Pára! Não ultrapasses o degrau que a rocha
forma nesse local por onde estás passando!

ÉDIPO

Assim?   205

CORO

Não vás mais longe! Estás me ouvindo?

ÉDIPO

Devo sentar-me?

CORO

Sim, lateralmente,
bem junto à extremidade do rochedo,
baixando-te tanto quanto possível.

ANTÍGONA

Isto é comigo, pai; vamos com calma...

ÉDIPO

Ai de mim...   210

ANTÍGONA

...acerta o passo e apoia
teu corpo exausto em meu braço amistoso.

ÉDIPO

Ai! Que destino impiedoso o meu!

CORO

Agora que estás calmo, infeliz, fala:
de que mortais nasceste? Quem és tu,
o infortunado que levam assim?   215
Posso saber qual é a tua pátria?

ÉDIPO

Fui desterrado, estrangeiros, mas não...

CORO

Que não devemos fazer, ancião?

ÉDIPO

...não insistais em saber quem eu sou,
não pergunteis, não tenteis ir mais longe!   220

CORO

Que dizes?

ÉDIPO

Minha origem é horrível!

CORO

Fala!

ÉDIPO

Dirigindo-se a ANTÍGONA.

Ah! Minha filha! Que direi?

CORO

De quem descendes do lado paterno?

ÉDIPO

Pois falarei! Não tenho outra saída.

CORO

Demoras muito. Vamos! Colabora!

225

ÉDIPO

Conheceis o filho de Laio?

CORO

Ah!

ÉDIPO

E a raça dos labdácidas?[6]

CORO

Ah! Zeus!

ÉDIPO

E Édipo desventurado?

CORO

És tu?

ÉDIPO

Não vos assustem as minhas palavras.

CORO

Ai! Ai!   230

ÉDIPO

Como sou infeliz!

CORO

Ai! Ai!

ÉDIPO

Que acontecerá agora, filha?

CORO

Tens de partir! Sai já deste lugar!

ÉDIPO

E não ireis cumprir vossa promessa?

CORO

O destino jamais puniu alguém
por castigar o seu provocador;   235
o embuste que recebe a sua réplica
em outros embustes traz decepções
ao seu autor, e não sucesso; ergue-te,
parte, afasta-te de minha cidade!
Não sejas causa de males maiores!   240

ANTÍGONA

Interpondo-se entre o CORO e ÉDIPO.

Estrangeiros de alma benevolente,
não quisestes ouvir meu velho pai
depois de conhecer os seus pecados
involuntários; tende piedade,
então, de mim, que sou tão inditosa,   245
quando venho fazer-vos um apelo
por este mesmo pai, um desvalido.
Meus olhos não são cegos e com eles
postos nos vossos quero suplicar-vos
por ele como se corresse em mim   250
o vosso sangue: tende compaixão
deste infeliz! De vós, como de deuses,
dependemos em nossa desventura!
Ouvi-nos, concedei-nos essa graça
que nem nos atrevemos a esperar!   255
Por tudo que tendes de mais precioso
— filhos, mulher, tesouro ou deus — imploro-vos!
Sabeis vós mesmos que nenhum mortal
escapa à sorte quando um deus o guia.

CORIFEU

Após um breve silêncio.

Filha de Édipo, sentimos pena igual   260
de ambos quando vemos o vosso destino.
Tememos entretanto os deuses e por isso
não poderíamos dizer-te mais que a ele.

ÉDIPO

Que bem, então, resulta da reputação
e glória, se tudo termina em vãs palavras?   265
Disseram-nos que Atenas era uma cidade
temente aos deuses mais que todas, a única
pronta a salvar um forasteiro ameaçado,
a única também capaz de protegê-lo.
Onde estará agora esta disposição   270

quando se trata de mim, se pouco depois
de me haverdes persuadido a abandonar
o assento me expulsais assim, apavorados
apenas por ouvir meu nome? Não agistes
por causa de minha pessoa e de meus atos.   275
Se eu pudesse falar agora de meu pai
e minha mãe, perceberíeis que meus atos
foram de fato muito mais sofridos
que cometidos, e apenas por causa deles
me escorraçais agora cheios de terror   280
para longe de vós (sei disso muito bem).
Seria eu, então, um criminoso nato,
eu, que somente reagi a uma ofensa?
Ainda que tivesse agido a sangue-frio
não poderíeis chamar-me de criminoso.   285
Mas, no meu caso, cheguei até onde fui
sem perceber; meus agressores, ao contrário,
queriam destruir-me conscientemente.
Logo, estrangeiros, suplico-vos pelos deuses:
já que me compelistes a deixar o assento,   290
valei-me, e se de fato venerais os deuses,
não vos priveis daquilo a que eles têm direito;
considerai, antes de agir, que se eles olham
para as pessoas piedosas, também veem
as ímpias, e como sabemos muito bem,   295
mais de um mortal sacrilégio ficou impune.
Iluminados pelos deuses, evitai
obscurecer a fama brilhante de Atenas,
compactuando com procedimentos ímpios.
Fui acolhido por vós como um suplicante;   300
fizestes-me promessas; defendei-me, então,
auxiliai-me e não me deixeis só porque
minha aparência horrível vos afeta os olhos.
Chego como homem predestinado e devoto,
trazendo bênçãos para os cidadãos daqui.   305
Quando vosso senhor — o rei — aparecer,
falar-lhe-ei e ficareis a par de tudo.
Antes, não vos equipareis a criminosos.

CORIFEU

Teus argumentos, ancião, persuadiram-me;

apresentaste-os com palavras ponderadas. 310
É bom que nossos chefes julguem esta causa.

ÉDIPO

Onde pode ser encontrado o vosso rei?

CORIFEU

Como seus pais, ele mora na capital.
O homem que te viu primeiro e me mandou
em teu encalço está agora indo buscá-lo. 315

ÉDIPO

Acreditais que um cego possa interessar-lhe
ou intrigá-lo a ponto de fazê-lo vir
pessoalmente até aqui ao meu encontro?

CORIFEU

Sim, certamente; logo que ouvir o teu nome.

ÉDIPO

Quem lhe teria transmitido a informação? 320

CORIFEU

A caminhada é longa, mas as novidades
dos viajantes vencem todas as distâncias.
Não tenhas preocupações; quando as ouvir,
o rei virá. Teu nome é de tal forma célebre
em toda parte que embora esteja em repouso 325
ele, quando souber, virá no mesmo instante.

ÉDIPO

Que venha; é bom para a cidade e para mim;
os benfeitores também gostam de si mesmos.

ANTÍGONA

Que direi, Zeus? Em que devo pensar, meu pai?

ÉDIPO

Que há, Antígona, minha filha querida?   330

ANTÍGONA

Vejo uma moça vindo em nossa direção
cavalgando uma poldra nascida no Etna.[7]
Um chapéu da Tessália protege-lhe o rosto
contra os raios do sol. Será, ou não será?
Engana-me a impressão? Sim, ou não? Já não sei   335
o que venho dizendo! Ah! Infeliz de mim!
Mas não é outra! À proporção que se aproxima
ela me acaricia com o olhar alegre,
fazendo-me sinais; tenho certeza agora!
Só pode ser minha muito querida Ismene!   340

ÉDIPO

Que dizes, minha criança?

ANTÍGONA

É tua filha,
minha irmã! Já podes reconhecer-lhe a voz!

Entra ISMENE *seguida por um velho servo.*

ISMENE

Ah! Duplamente doces nomes, pai, irmã!
Sofri demais para encontrar-vos e hoje sofro
pela segunda vez ao ver-vos neste estado!   345

ÉDIPO

Vieste, filha!

ISMENE

É triste ver-te assim, pai!

ÉDIPO

Apareceste, filha!

ISMENE

Foi muito difícil!

ÉDIPO

Chega-te a mim!

ISMENE

Toco nos dois ao mesmo tempo!

ÉDIPO

Minhas filhas, irmãs![8]

ISMENE

Ah! Vidas sofridas!

ÉDIPO

Dela e minha?   350

ISMENE

Sou a terceira desditosa!

ÉDIPO

Por que vieste, filha?

ISMENE

Estava ansiosa, pai.

ÉDIPO

Querias ver-me.

ISMENE

Sim e trazer-te notícias,
seguida pelo último servo fiel.

ÉDIPO

E os dois rapazes, teus irmãos, que fazem eles?

ISMENE

Estão lá onde estão; vivem dias difíceis.   355

ÉDIPO

Por sua índole e seu modo de portar-se
vivem os dois como se estivessem no Egito,
onde os maridos ficam sentados em casa,
tecendo, enquanto as mulheres vão para a rua
na luta para conseguir os alimentos.[9]   360
Convosco, minhas filhas, acontece o mesmo:
enquanto aqueles que deviam trabalhar
ocupam-se de questiúnculas domésticas
como se fossem moças, vós, em seu lugar,
tratais sem trégua dos males de vosso pai.   365
Uma, ainda criança, sentindo seus membros
mais firmes, decidiu guiar um ancião
em suas longas caminhadas, sempre errante,
descalça, percorrendo os bosques perigosos,
faminta, atormentada repetidamente   370
pelas águas das chuvas, pelo sol ardente,
já esquecida do conforto de seu lar,

cuidando apenas de dar alimento ao pai.
E tu, Ismene, vieste em dias passados,[10]
sem que os cadmeus[11] soubessem, trazer ao teu pai   375
todas as manifestações oraculares
pertinentes a mim; tornaste-te além disso
fiel observadora em Tebas desde o dia
em que fui expulso de minha terra. Agora,
Ismene, que notícias tens para me dar   380
nesta nova missão que te afastou do lar?
Não vens por razões fúteis — disto estou seguro —;
deves trazer-me novidades alarmantes.

ISMENE

Não vou contar os meus padecimentos, pai,
tentando descobrir onde estavas vivendo.   385
Não quero para mim um duplo sofrimento
tendo de repeti-los depois de sofrê-los.
Estou aqui para informar-te das desditas
que afligem teus desventurados filhos.
Antes quiseram fazer de Creonte o rei,   390
na expectativa de livrar sua cidade
da mácula, mas veio-lhes depois à mente
a tara antiga que segue a raça maldita.
Agora, pobre pai, por causa de algum deus
e de desígnios criminosos teus dois filhos   395
três vezes arrogantes estão separados
por uma desavença súbita e funesta:
cada um deles tenta obter de qualquer modo
o cetro e o poder real para si mesmo.
O mais novo; menos dotado de direito   400
pela idade, privou do trono o primogênito,
Polinices, e o expulsou de sua pátria.
Este, se acreditarmos em fortes rumores,
foi para Argos rodeada de colinas,
e lá, como exilado, conseguiu formar   405
uma aliança nova graças aos amigos,
que lhe proporcionará muitos soldados;
ele imagina que dentro de pouco tempo
Argos conquistará gloriosamente Tebas
ou esta será celebrada até nos céus.   410
Não se trata somente de palavras, pai,

mas de fatos terríveis. Não sei, entretanto,
quando os deuses enfim terão pena de ti
levando em consideração teus sofrimentos.

ÉDIPO

Tens esperanças de que os deuses se interessem   415
por mim a ponto de me salvarem um dia?

ISMENE

Tenho; disseram isso oráculos recentes.

ÉDIPO

Que oráculos? Qual foi a profecia, filha?

ISMENE

Segundo dizem, os tebanos vão querer-te
vivo ou após a morte, pois os salvarás.   420

ÉDIPO

Que benefício esperaria alguém de mim?

ISMENE

Dizem que seu sucesso depende de ti.

ÉDIPO

Hoje, que nada sou, volto então a ser homem?

ISMENE

Agora exaltam-te os deuses que te puniram.

ÉDIPO

É tão pouco exaltar um mísero ancião   425
quando a melhor parte da vida já passou...

ISMENE

Pois ouve: Creonte virá buscar-te aqui
por isso, agora, e não no futuro distante.

ÉDIPO

Quais são as suas intenções? Sê mais explícita!

ISMENE

Ele pensa em levar-te para as vizinhanças   430
de Tebas, onde lhe serias muito útil,
mas não quer que pises no chão de tua terra.

ÉDIPO

Que ganharia Tebas apenas por ter
um morto sepultado em frente às suas portas?

ISMENE

Se o teu sepulcro sofrer qualquer violência   435
eles terão de arcar com sérias consequências.

ÉDIPO

Mesmo sem ser um deus, isso se compreende.

ISMENE

Eis o motivo de eles quererem levar-te
para a proximidade de suas fronteiras,
onde não possas ser senhor de teus desejos.   440

ÉDIPO

Cobrir-me-ão o corpo com a terra de Tebas?

ISMENE

Não, pai; esse direito o parricídio tira-te.

ÉDIPO

Então jamais acatarei as suas ordens.

ISMENE

Tua vontade custará caro aos tebanos.

ÉDIPO

Em que combinação de circunstâncias, filha?   445

ISMENE

A tua ira os ferirá, vinda do túmulo.

ÉDIPO

Quem te contou o que me dizes, minha filha?

ISMENE

Os mensageiros de volta do altar de Delfos.[12]

ÉDIPO

Febo manifestou-se assim a meu respeito?

ISMENE

Foi essa a informação de quem voltou a Tebas.   450

ÉDIPO

Ouviu essas palavras algum de meus filhos?

ISMENE

Ambos estão perfeitamente a par de tudo.

ÉDIPO

Então aqueles sórdidos, sabendo disso,
põem sua ambição pelo poder real
acima do dever de me chamar de volta?   455

ISMENE

Sofro ao ouvir-te, mas tenho de confirmar.

ÉDIPO

O meu desejo é que os deuses jamais extingam
essa funesta desavença, e me permitam
tomar a decisão final sobre o combate
em que se enfrentarão os dois num dia próximo   460
de lança em punho! Nem o detentor do cetro
e do trono será capaz de preservar
o seu poder, nem aquele que abandonou
sua cidade entrará nela novamente,
pois nenhum deles no momento em que seu pai   465
era banido vilmente de sua terra
apareceu para apoiá-lo e defendê-lo;
ao contrário, ambos me viram sendo expulso
de meu palácio e levado para as estradas
para viver como exilado. Talvez digas   470
que esse era então o meu desejo e que a cidade
me fez apenas um favor ao me punir.
Mas não; naquele dia infausto, no momento
em que minha alma ainda fervia e certamente
teria sido mais suave para mim   475
morrer apedrejado, ninguém avançou
para ajudar-me, a mim, que só queria a morte.
Depois, quando amadureceu a minha dor
e percebi que a minha ira me levara
longe demais punindo-me por velhos erros,   480
Tebas baniu-me, dessa vez com violência
— muito mais tarde! — e meus dois filhos, que podiam
ter me ajudado — filhos ajudando o pai —
nada fizeram; então, por não terem dito
uma simples palavra, passei a viver   485
errante por terras estranhas, exilado,

128 *A trilogia tebana*

como mendigo. Estas meninas, ao contrário,
dão-me apesar de seu sexo meu alimento
de cada dia e segurança nas estradas.
Em contraste com esse apoio devotado,   490
meus filhos preferiram em vez de seu pai
os poderes ligados ao cetro e ao trono.
Nunca me aliarei a eles e jamais
lhes advirá proveito de seu mando em Tebas.
Disso estou certo após ouvir esses oráculos   495
mencionados por minha filha, e quando penso
nas velhas profecias[13] cuja validade
Febo já comprovou há tempo contra mim.
Mandem Creonte até aqui para levar-me
ou qualquer outro dos tebanos; se quiserdes,   500
estrangeiros, juntar-vos às deusas temíveis,
senhoras deste solo, para garantir
a minha segurança, proporcionareis
à vossa terra um valioso salvador,
e ao mesmo tempo a ruína de meus inimigos.   505

CORIFEU

Compadeci-me de ti, Édipo, e também
de tuas filhas, mas, já que reivindicaste
em tua fala a condição de salvador
de Atenas, gostaria de dar-te um conselho
do qual só poderão advir-te benefícios.   510

ÉDIPO

Guia-me, grande amigo; vou seguir-te em tudo.

CORIFEU

Faze então uma oferenda lustral às deusas
às quais nos referimos quando te encontramos.

ÉDIPO

De que maneira, estrangeiro? Dize-me logo!

CORIFEU

Traze primeiro com mãos puras água viva   515
de uma fonte para sagradas libações.

ÉDIPO

E que farei quando tiver água impoluta?

CORIFEU

Aqui há taças, obras de hábil artesão;
Orna-lhes dos dois lados as asas e as bordas.

ÉDIPO

Com ramos, ou com lã, ou usando outros adornos?   520

CORIFEU

Com lã recém-tosada de uma ovelha nova.

ÉDIPO

Isso já sei, mas, como devo terminar?

CORIFEU

Esparge as libações, de pé, rumo ao Levante.

ÉDIPO

Usando para isso as taças mencionadas?

CORIFEU

Faze três libações por taça, mas na última   525
derrama de uma vez o que restar da água

ÉDIPO

Mas, dize-me também: de que terei de enchê-las
antes de pô-las no lugar de onde as tirar?

CORIFEU

De água e de mel; evita o vinho na mistura.

ÉDIPO

E quando o chão à sombra da folhagem negra   530
houver bebido as libações oferecidas?

CORIFEU

Põe nele com ambas as mãos três vezes nove
ramos de uma oliveira rezando uma prece...

ÉDIPO

Anseio por ouvi-la, pois é importante.

CORIFEU

Já que as chamamos de Deusas Benignas,[14] roga-lhes   535
uma acolhida salvadora ao suplicante
com o coração repleto de benevolência.
Deves fazer tu mesmo a prece, ou pede então
a alguém que a faça por ti com a voz inaudível;
afasta-te depois sem voltar a cabeça.   540
Feita esta prece, poderei valer-te;
sem ela, Édipo, eu temeria por ti.

ÉDIPO

Ouvistes, filhas, as palavras do estrangeiro?

ANTÍGONA

Ouvimos; dize-nos o que deve ser feito.

ÉDIPO

Não vou poder dar os passos iniciais; 545
faltam-me as forças e a visão, um duplo mal.
Uma das duas filhas agirá por mim.
Em se tratando de cumprir a obrigação,
penso que uma pessoa só pode falar
por muitas outras se o fizer piedosamente.
Andai depressa, filhas, mas não me deixeis 550
aqui sozinho, pois meu corpo não teria
forças para mover-se sem ajuda ou guia.

ISMENE

Então irei fazer o que tem de ser feito.

Dirigindo-se ao CORIFEU.

Dize-me aonde devo ir; quero saber. 555

CORIFEU

À orla deste bosque. Se necessitares
de algo, haverá lá alguém para informar-te.

ISMENE

Vou até lá, então. E quanto a ti, Antígona,
cuida de nosso pai aqui. Se é por um pai
que nos cansamos, não falemos em fadiga. 560

Sai ISMENE.

CORO

Pensar em velhos males esquecidos
é perigoso; embora seja assim,
desejo que me fales, estrangeiro...

ÉDIPO

De quê?

CORO

Do sofrimento insuportável
e inevitável que tens enfrentado. 565

ÉDIPO

Suplico-te pela hospitalidade:
cala-te! São coisas horripilantes.

CORO

Trata-se de rumores persistentes
e múltiplos; estou interessado,
estrangeiro, em saber toda a verdade. 570

ÉDIPO

Ah! Infeliz de mim!...

CORO

Cede! Suplico-te!

ÉDIPO

Ai de mim!

CORO

Satisfaze-me! Assim,
farei o mesmo quanto aos teus desejos.

ÉDIPO

Meus sofrimentos são inesquecíveis;
sofri-os sem saber o que fazia. 575
Os deuses são as minhas testemunhas
e tudo aconteceu malgrado meu.

CORO

Mas, como?

ÉDIPO

Numa união criminosa,
sem meu conhecimento a própria Tebas
colheu-me na armadilha de umas núpcias   580
que foram a minha infelicidade.[15]

CORO

Levaste para o leito nupcial
a tua própria mãe — ouvi dizer —,
dando-lhe então aquele nome infame?

ÉDIPO

Ah! Estrangeiro!... Ouvir estas palavras   585
é como se fosse a morte! Essas minhas
duas crianças...

CORO

Que vais dizer, Édipo?

ÉDIPO

...minhas filhinhas, duas maldições...

CORO

Ah! Zeus!

ÉDIPO

...nasceram da mãe que me teve!

CORO

As duas são portanto filhas tuas...   590

ÉDIPO

...e ao mesmo tempo irmãs do próprio pai!

CORO

Ah!

ÉDIPO

Sucessão de inúmeras desgraças!

CORO

Sofreste!

ÉDIPO

Sim, males inolvidáveis!

CORO

Pecaste!

ÉDIPO

Não! Eu não pequei!

CORO

Mas, como?

ÉDIPO

Minha cidade ofereceu-me um prêmio   595
por meus serviços, que eu preferiria
em tempo algum ter recebido dela.

CORO

Que dizes, infeliz? Foste de fato...

ÉDIPO

Que me perguntas? Que tentas saber?

CORO

...o causador da morte de teu pai? 600

ÉDIPO

Ah! Estrangeiro! Agora estás ferindo-me
pela segunda vez, golpe após golpe!

CORO

Mataste!

ÉDIPO

Sim, matei; tenho entretanto...

CORO

O quê?

ÉDIPO

...algo para justificar-me.

CORO

Mas, como? 605

ÉDIPO

Digo-te; quando o matei
e massacrei agia sem saber.
Sou inocente diante da lei,
pois fiz tudo sem premeditação.

Corifeu

Mas, eis aqui convosco o nosso rei, Teseu,
filho de Egeu; veio atendendo ao teu apelo.   610

Chega Teseu com sua escolta.

Teseu

Depois de ouvir de muita gente no passado
que perfuraste os próprios olhos, reconheço-te,
filho de Laio; agora, por ouvir dizer
a caminho daqui, tenho plena certeza.
Identificam-te os andrajos e esse rosto   615
marcado pela dor; cheio de compaixão,
quero saber de ti, desventurado Édipo,
que súplica farás a mim e à cidade
com tua infortunada companheira. Fala!
De fato, a tua sina deve ser terrível,   620
e não lhe ficarei indiferente, eu que
cresci no exílio, um desterrado como tu,
e que arrisquei como ninguém a minha vida
lutando muitas vezes em terras estranhas.[16]
Por isso, a nenhum forasteiro igual a ti   625
eu hoje poderia recusar ajuda.
Sei muito bem, ancião, que sou apenas homem
e que não me pertence o dia de amanhã,
da mesma forma que não és senhor do teu.

Édipo

Tua nobreza mostra-se em poucas palavras,   630
Teseu, e pouco tenho de falar agora;
disseste quem eu sou, o nome de meu pai
e de onde vim; resta-me apenas revelar-te
o meu desejo, e tudo te exporei agora.

Teseu

Explica-me, pois só assim irei saber.   635

ÉDIPO

Venho para ofertar-te meu sofrido corpo;
ele é desagradável para quem o vê,
mas o proveito que te poderá trazer
torna-o mais valioso que o corpo mais belo.

TESEU

Que benefício pretendes trazer-me assim? 640

ÉDIPO

Com o tempo saberás; neste momento, não.

TESEU

Quando esse benefício se revelará?

ÉDIPO

Quando eu morrer e me tiveres sepultado.

TESEU

Falas apenas do final de tua vida;
esqueces-te do tempo que ainda te resta, 645
ou não dás o menor valor a todo ele?

ÉDIPO

Em minha opinião o fim abrange tudo.

TESEU

Pedes, então, um favor insignificante.

ÉDIPO

Presta atenção! A contenda não será fácil!

TESEU

Estás falando de teus filhos ou de mim?   650

ÉDIPO

Já os vejo dando ordens para me levarem...

TESEU

É isso que desejas? Não penses, então,
que teu exílio possa cobrir-te de glória.

ÉDIPO

Enquanto eu desejava eles me rechaçaram.

TESEU

És tolo se não sabes que o ressentimento   655
é prejudicial durante a adversidade.

ÉDIPO

Censura-me depois de ouvir-me; antes, não.

TESEU

Fala. Nada direi sem estar informado.

ÉDIPO

Sofri demais, Teseu, desgraça após desgraça.

TESEU

Queres falar de antigos males da família?   660

ÉDIPO

Não; eles são o assunto dos helenos todos.

TESEU

Então, de que males padeces mais que humanos?

ÉDIPO

Aconteceu comigo que meus próprios filhos
me expulsaram da pátria, e como parricida
nunca, jamais poderei regressar a ela.   665

TESEU

Por que, então, te mandariam procurar
se desejassem que ficasses longe deles?

ÉDIPO

A voz dos próprios deuses[17] os compele a isso.

TESEU

Que mal receiam eles, vindo dos oráculos?

ÉDIPO

Um golpe inevitável dos atenienses.   670

TESEU

Mas, como as relações entre Atenas e Tebas
se tornariam atritantes a tal ponto?

ÉDIPO

Filho caríssimo de Egeu: somente os deuses
fogem aos males da velhice e aos da morte;
o tempo onipotente abate tudo mais;   675
decai a força da terra, decai o corpo;
a lealdade finda e floresce a perfídia
e tanto entre os amigos quanto entre as cidades
não prevalece para sempre o mesmo ânimo;
agora para uns, amanhã para outros,   680

cede a doçura seu lugar ao amargor
e depois volta a transformar-se em amizade.
Com Tebas acontece o mesmo. Atualmente
tudo está bem por lá em relação a ti,
porém durante a sucessão interminável   685
das noites e dos dias que o tempo infinito
vai produzindo, podem eclodir de súbito
lutas armadas capazes de destruir
as boas relações que hoje vos aproximam.
Assim, meu gélido cadáver em seu sono,   690
oculto sob a terra, um dia beberá
seu sangue quente, se Zeus ainda for Zeus
e se Apolo, filho de Zeus, diz a verdade.
Mas, já que não é agradável retomar
assuntos interditos, deixa-me parar   695
no ponto de partida. Apega-te somente
à tua lealdade e nunca poderás
queixar-te de que Édipo foi para ti
um simples habitante inútil desta terra
— se os deuses não quiseram apenas mentir.   700

Corifeu

Dirigindo-se a Teseu.

Desde o princípio, rei, este homem demonstrou
o seu desejo de cumprir essas promessas
e também outras a favor de nossa terra.

Teseu

Dirigindo-se ao Corifeu.

Quem poderia ser indiferente, então,
a este homem que nos vem como um amigo?   705
Primeiro, o lar de um aliado sempre acolhe
um hóspede que pode usá-lo como dono;
depois, ele chegou aqui na condição
de suplicante em relação aos nossos deuses,
oferecendo-nos, a mim e à nossa terra,   710
um tributo que nada tem de desprezível.
Em retribuição a tal favor, acolho-o

como habitante do lugar; se ele prefere
ficar aqui, incumbo-te de cuidar dele.

Dirigindo-se a ÉDIPO.

Mas, se ao contrário, preferires, estrangeiro,   715
partir comigo, a escolha depende de ti;
em qualquer circunstância eu estarei de acordo.

ÉDIPO

Sê generoso sempre com tais homens, Zeus!

TESEU

Que preferes, então? Ir para a minha casa?

ÉDIPO

Se eu tivesse direito. Mas, este é o lugar...   720

TESEU

Onde farás o quê? Não criarei obstáculos.

ÉDIPO

...onde triunfarei dos que me repeliram.

TESEU

Então tua presença aqui é grande dádiva.

ÉDIPO

Se de teu lado prometes auxiliar-me.

TESEU

Confia quanto a mim; não te abandonarei.   725

ÉDIPO

Não quero sequer que jures, como um vilão.

TESEU

Por mim, jurar não valerá mais que falar.

ÉDIPO

Que vais fazer?

TESEU

Que tens? Dize-me claramente!

ÉDIPO

Homens virão...

TESEU

Indicando os homens do CORO.

Estes daqui cuidarão disso.

ÉDIPO

Mesmo deixando-me, cuida de mim, Teseu.   730

TESEU

Não te cabe ensinar-me a cumprir o dever.

ÉDIPO

Quem está receoso, necessariamente...

TESEU

Mas o meu coração não tem receios, Édipo.

ÉDIPO

Ignoras, rei, as numerosas ameaças...

TESEU

Estou certo de que ninguém virá tirar-te   735
daqui se eu não quiser. Infladas pela cólera
as ameaças com frequência se propagam
como palavras vãs, mas logo que o espírito
retoma o seu domínio elas desaparecem.
Se essas pessoas creem-se bastante fortes   740
para tentar amedrontar-nos propalando
que têm poderes para levar-te daqui,
poderão confrontar-se em seu cometimento
com um mar imenso e, mais ainda, intransponível.
Mesmo sem te fazer promessas eu garanto   745
que nada tens a recear, se realmente
foi Febo quem te trouxe até estas paragens.
Enfim, ainda que me afaste estou seguro
de que basta meu nome para proteger-te.

TESEU afasta-se com sua escolta.

CORO

Neste lugar de bons corcéis terás   750
o paradeiro mais belo, estrangeiro,
que existe na terra: Colono, a clara.
Aqui o rouxinol, constante hóspede,
entoa sempre o canto harmonioso
no fundo destes vales muito verdes;   755
seu ninho é feito na hera sombria,
inviolável ramagem do deus,
compacta proteção ao mesmo tempo
contra o calor do sol e contra o vento
de todas as tempestades; aqui   760
vagueia o próprio deus das bacanais,
Diôniso, quando ele vem prestar
o culto às divindades que o nutriram.[18]
Aqui, graças ao orvalho do céu,

florescem por incontáveis manhãs,   765
em cachos muito belos, os narcisos,
essas coroas desde priscas eras
das Grandes Deusas,[19] bem como o açafrão
de reflexos dourados. Aqui passam
as águas que nunca param nem baixam   770
do vagabundo Céfiso, que sempre
fluem na ânsia de fertilizar
os prados desta terra emoldurada
por vastos flancos, que os coros das Musas
jamais se recusam a frequentar   775
com Afrodite das rédeas douradas.[20]
Cresce uma árvore somente aqui
(até onde vai meu conhecimento
ela jamais deu seus frutos na Ásia
nem na grande ilha dórica de Pêlops)   780
capaz de refazer-se por si mesma,[21]
e de sobreviver até às armas
dos inimigos, e que neste solo
medra melhor que em qualquer outra parte:
a oliveira de folhagem glauca.   785
Nutriz de nossos filhos, ninguém, jovem
ou velho, pode destruí-la usando
de maneira brutal as suas mãos,
nem saqueá-la, pois Zeus protetor
dos olivais e Atena de olhos glaucos   790
em tempo algum deixam de protegê-la
com seu olhar eternamente atento.
Devo falar ainda de outra glória,
a mais grata a esta cidade-mãe:
nossos cavalos e potros e o mar,   795
dons recebidos de um deus poderoso[22]
de que todos nos envaidecemos.
Foste tu, filho de Cronos, que um dia
nos elevaste a este grau de orgulho,
tu, Poseidon, senhor de todos nós,   800
quando nos deste pela vez primeira
os freios que dominam os cavalos,
e em nossas mãos puseste os remos bons
que saltam sobre o mar fazendo as naus
parecerem Nereides de cem pés.[23]   805

ANTÍGONA

Dirigindo-se ao CORO *depois de pressentir a aproximação de* CREONTE.

Ah! Terra celebrada com tantos louvores!
Ilustra agora tuas lendas fulgurantes!

ÉDIPO

Que há de novo, filha?

ANTÍGONA

Percebo Creonte
aproximando-se de nós com sua escolta!

ÉDIPO

Queridos anciãos! A partir deste instante   810
a minha salvação está em vossas mãos!

CORIFEU

Confia! Ela virá! Se sou um ancião,
a força desta terra não envelheceu!

Entra CREONTE *com sua escolta.*

CREONTE

Nobres senhores, habitantes desta terra,
percebo em vossos olhos um receio súbito   815
em face de minha chegada. Não temais
e não pronuncieis palavras agressivas,
pois não estou chegando com más intenções.
Sou velho e sei que entrei em terra poderosa
como nenhuma outra é em toda a Hélade.   820
Mandaram-me, considerando a minha idade,
para persuadir este homem que acolhestes
a regressar comigo à cidade de Cadmo;
não me mandou até aqui um homem só:
a determinação partiu de todo o povo.   825

146   *A trilogia tebana*

Por ser parente me incumbiram os tebanos
de partilhar os males deste infortunado.
Deixa-te convencer, Édipo desditoso:
retorna a Tebas. O povo cadmeu unânime
te chama justamente, e mais que todos eu;   830
e isso é muito natural, pois só se eu fosse
a mais ignóbil de todas as criaturas
não me comoveria com tua desgraça,
vendo-te aqui na deplorável condição
de um estrangeiro permanentemente errante,   835
um mendigo amparado apenas pela filha
que nunca imaginei ver reduzida assim
a tais extremos de penúria — infortunada! —,
guiando-te e proporcionando-te alimento,
levando a vida de pedinte nessa idade,   840
sem conhecer o casamento é à mercê
em seu caminho de qualquer estuprador.
É lamentável este ultraje que te atinge,
e a mim também, e a toda a nossa nobre raça!
Mas, já que é de todo impossível disfarçar   845
essa evidência, livra-nos os olhos, Édipo,
desse espetáculo definitivamente!
Peço-te pelos deuses de teus ancestrais:
confia em mim, consente em regressar agora
à tua pátria, à casa que foi de teus pais,   850
dizendo adeus a esta terra acolhedora.
Ela é digna de ti, mas tua própria terra
tem mais direito à tua consideração,
pois em tempos passados ela te nutriu.

ÉDIPO

Tu, que te prestas a qualquer atrevimento   855
e tens o dom de transformar numa trapaça
com aparência enganadora o mais honesto
de todos os propósitos, por que vieste
até aqui tentar pela segunda vez
armar uma cilada em que minha captura   860
seria ainda mais penosa? No passado,
quando, fora de mim por causa das desgraças
que sem querer eu mesmo me causei, ansiava

por me ver exilado, não te dispuseste
a conceder-me o benefício desejado;   865
contrariando-me reiteradamente,
logo que viste o fim de minhas aflições
e que já me agradava estar em minha casa,
então quiseste repelir-me e me expulsaste.
Não tinhas interesse algum naquela época   870
pelos laços de parentesco de que falas...
Agora, em face da acolhida generosa
que esta cidade e todos os seus habitantes
me dispensaram, tentas tirar-me daqui,
dissimulando tuas intenções brutais   875
com palavras cobertas de suavidade.
Mas, que prazer é este de amar as pessoas
contra a sua vontade? De certa maneira
é como se implorasses que te dessem algo,
mas nada conseguisses e não te ajudassem,   880
e só quando teu coração já estivesse
cansado de tanto querer e desistisses
alguém se dispusesse a te satisfazer,
pois a conquista já não seria conquista.
Não te pareceria vão esse prazer?   885
Estás me oferecendo exatamente isso:
bens em palavras, males na realidade.
Quero, entretanto, dirigir-me aos circunstantes
para mostrar-lhes quão grande é tua maldade.
Não vens buscar-me para me reconduzir   890
à minha casa, e sim para me abandonar
nas imediações das fronteiras de Tebas,
salvando assim tua cidade dos perigos
que lhe sobreviriam vindos desta terra.
Teu destino, entretanto, não é este; é ver   895
meu nume vingador fixar-se para sempre
neste lugar, e o destino de meus dois filhos
é conseguir de minha terra o necessário
para morrerem. Dize, então: não são melhores
que as tuas próprias as minhas informações   900
a respeito de Tebas? Com certeza são,
e muito, pois saíram de bocas verazes,
de Febo e — quem sabe? — do próprio Zeus, seu pai.
E hoje chegas aqui, com a boca mentirosa

e com a língua afiada, mas tuas palavras   905
hão de trazer-te mais males que benefícios.
Sei bem que não posso persuadir-te; vai,
deixa-me em paz vivendo aqui a minha vida;
apesar das agruras a minha existência
não será triste se esta for a minha sorte.   910

CREONTE

Crês que com tais palavras estás atingindo-me
em meus projetos mais que a ti em tua causa?

ÉDIPO

Será melhor que não consigas convencer-nos,
nem a mim mesmo, nem aos circunstantes.

CREONTE

Ah! Infeliz! Nem todo o tempo já vivido   915
deu-te bom senso; aviltas a tua velhice!

ÉDIPO

És hábil em palavras; digo-te, porém,
que jamais encontrei na vida um homem justo
capaz de falar bem sobre qualquer assunto.

CREONTE

Falar demais não é falar como convém.   920

ÉDIPO

Queres dizer que falas pouco e como deves?

CREONTE

Para quem tem a mente igual à tua, não.

ÉDIPO

Advirto-te em meu nome e em nome dos presentes:
retira-te! Não deves demorar aqui,
espionando o lugar onde morrerei.   925

CREONTE

Apontando para os homens do CORO.

Invoco-os como testemunhas, não a ti:
se um dia eu conseguir deter-te como quero...

ÉDIPO

E quem será capaz de um dia me deter
contra a vontade destes aliados meus?

CREONTE

Garanto-te: não sofrerás menos por isso!   930

ÉDIPO

A que ações tuas palavras se referem?

CREONTE

Já capturei uma de tuas pobres filhas,
e sem demora me apoderarei da outra.

ÉDIPO

Ai de mim!

CREONTE

Gemerás ainda mais depois!

ÉDIPO

Tens minha filha?   935

CREONTE

Apontando para ANTÍGONA.

E logo deterei a outra!

ÉDIPO

Dirigindo-se ao CORO.

Ah! Estrangeiros! Que fareis? Serei entregue?
Não ireis expulsar de vossa terra este ímpio?

CORIFEU

Dirigindo-se a CREONTE.

Parte, estrangeiro! Sai daqui sem mais delongas!
Não ages bem agora, nem agiste há pouco!

CREONTE

Dirigindo-se aos seus soldados e indicando ANTÍGONA.

Chegou a hora de a levardes, mesmo à força   940
se ela não resolver ir espontaneamente.

ANTÍGONA

Ai! Ai de mim! Quero fugir, mas para onde?
Que deus, que homem poderá vir socorrer-me?

CORIFEU

Dirigindo-se a CREONTE, que avança em direção a ANTÍGONA.

Que fazes, estrangeiro?

CREONTE

Não quero tocar
no homem, mas esta menina me pertence!   945

ÉDIPO

Senhores deste chão!

CORIFEU

Não podes, estrangeiro!

CREONTE

Tenho direito!

CORIFEU

Que direito dizes ter?

CREONTE

Segurando ANTÍGONA.

Levo comigo pessoas que me pertencem!

ÉDIPO

Ah! Cidade!

CORIFEU

Que ação praticas, estrangeiro?
Solta-a, ou vais sentir a força de meu braço!   950

CREONTE

Deixa-me!

CORIFEU

Não, diante do que estás fazendo!

CREONTE

Terás de enfrentar Tebas se me maltratares!

ÉDIPO

Isso eu predisse...

CORIFEU

Afasta as mãos desta menina!

CREONTE

Não me dês ordens, pois não és o meu senhor!

CORIFEU

Repito-te que a soltes! 955

CREONTE

E eu que te afastes!

CORIFEU

Socorro! Vinde! Vinde, meus concidadãos!
Ultrajam a nossa cidade! Socorrei-nos!

ANTÍGONA

Arrastam-me, estrangeiros! Ah! Pobre de mim!

ÉDIPO

Onde estás, filha?

ANTÍGONA

Levam-me com violência!

ÉDIPO

Dá-me teu braço, filha! 960

ANTÍGONA

Já não tenho forças!...

CREONTE

Dirigindo-se aos seus soldados.

Não a levais?

ÉDIPO

Pobre de mim! Pobre de mim!

Saem os soldados levando ANTÍGONA.

CREONTE

Dirigindo-se a ÉDIPO.

Livro-te agora para sempre de apoiar
teus passos vacilantes nesses dois bordões.[24]
Estás querendo sobrepor-te à tua pátria
e a teus amigos, cujas ordens cumpro aqui   965
embora seja rei. Pois bem! Triunfa agora!
Com o tempo compreenderás — tenho certeza —
que não estás servindo à tua própria causa
quando ages contra a vontade de tua gente,
de tal maneira que te deixas dominar   970
por essa cólera que é sempre a tua ruína.

CREONTE tenta acompanhar seus soldados.

CORIFEU

Para, estrangeiro!

CREONTE

Digo-te que não me toques!

CORIFEU

Não posso permitir que partas desta terra
levando em tua companhia a filha de Édipo!

CREONTE

Com essa rebeldia atrairás somente   975
maiores represálias contra a tua pátria.
Não levarei comigo apenas as meninas...

CORIFEU

Que vais fazer?

CREONTE

Prendo e levo comigo Édipo!

CORIFEU

Tuas palavras são brutais!

CREONTE

E sem demora
observarás que elas se realizarão,   980
salvo se o próprio rei vier opor-se a mim.

ÉDIPO

Voz impudente! Mas, atreves-te a tocar-me?

CREONTE

Ordeno que te cales!

ÉDIPO

Peço às divindades
deste lugar que não contenham por mais tempo

imprecações presas em minha boca ao ver-te,   985
covarde máximo, ansioso por privar-me
de mais dois olhos além dos que já perdi,[25]
agora que estou indefeso, e por voltar
tranquilamente a percorrer o teu caminho!
Por isso queira o Sol, o deus onividente,   990
dar-te algum dia, a ti e à tua raça,
uma velhice igual à que eu estou vivendo!

CREONTE

Vedes sua atitude, varões desta terra?

ÉDIPO

Eles me veem, e também a ti, mas sabem
que minha reação aos teus atos cruéis   995
se manifesta apenas em simples palavras.

CREONTE

Já não consigo dominar a minha cólera;
embora esteja só e a idade me pese,
levá-lo-ei comigo recorrendo à força!

ÉDIPO

Ai! Infeliz de mim!   1000

CORIFEU

Dirigindo-se a CREONTE.

                    Tua resolução
é realmente inabalável, estrangeiro,
pois te leva a pensar que serás vencedor.

CREONTE

E penso!

CORIFEU

Nada mais serei em minha terra
se conseguires consumar o teu intento.

CREONTE

O fraco vence o forte quando a causa é justa.   1005

ÉDIPO

Ouviste-lhe as palavras?

CORIFEU

Sim, eu as ouvi,
mas nunca ele as transformará em realidade.

CREONTE

Zeus sabe; tu, porém, não podes ter certeza.

CORIFEU

Não percebes que estás dizendo uma insolência?

CREONTE

É insolência, mas terás de suportá-la.   1010

CORIFEU

Conclamo todos vós do povo e vossos chefes
a virem ajudar-nos imediatamente!
Eles já marcham para cruzar a fronteira!

Entra TESEU e seu séquito.

TESEU

Que apelo é este? Que se passa? Qual a causa
desse temor que me obrigou a interromper   1015

o sacrifício oferecido ao deus dos mares,
protetor de Colono, em frente ao seu altar?
Dizei-me, pois desejo estar a par de tudo;
por que tive de vir correndo até aqui
com rapidez superior à de meus pés?   1020

ÉDIPO

Meu grande amigo (reconheço a tua voz!):
aquele homem tratou-me de modo ignóbil.

TESEU

Que te fizeram? Quem te destratou! Explica-me!

ÉDIPO

Foi Creonte, que ainda vês ali, disposto
a retirar-se depois de me arrebatar   1025
minhas filhas queridas, meu único bem.

TESEU

Que estás dizendo?

ÉDIPO

                    Ouviste o mal que ele me fez.

TESEU

Dirigindo-se ao seu séquito.

Apresse-se um de vós a ir rapidamente
até os altares e exortar o povo todo
— cavaleiros com as rédeas soltas e peões —   1030
a desistir do sacrifício e vir depressa
para o local onde as estradas se interceptam.
Não quero que as meninas nos sejam tomadas,
e eu, resignado diante da violência,
mereça ouvir as zombarias do estrangeiro.   1035
E quanto àquele,[26] se eu cedesse a toda a cólera
a que faz jus, por certo não escaparia
impune às minhas mãos. Mas se ele tem a ideia

158 *A trilogia tebana*

de impor-nos novas leis, tratá-lo-ei de acordo
com suas próprias leis, e não com quaisquer outras. 1040

      Dirigindo-se a CREONTE.

Não terás permissão para sair daqui
antes de trazer-me de volta essas meninas,
antes de tê-las posto sob as minhas vistas.
Agiste de maneira indigna em relação
à tua pátria, a mim e aos teus antepassados. 1045
Entras num território submisso à justiça,
onde nada se faz contrariando a lei,
e menosprezas os seus chefes e te atreves
a tirar dele à força aquilo que te apraz.
Ages como se achasses que minha cidade 1050
fosse deserta de homens ou fosse habitada
apenas por escravos, e eu nada valesse.
Tebas não te criou para fazer o mal,
pois não costuma preparar seus cidadãos
para serem vilões. Sem dúvida, Creonte, 1055
ela não te elogiaria se soubesse
que roubas os meus bens e até os bens dos deuses
tentando retirar daqui violentamente
esses seus suplicantes[27] tão desventurados.
Eu, ao contrário, não me atreveria nunca 1060
a penetrar em tua terra, embora tendo
razões melhores, sem obter a permissão
dos detentores do poder, quaisquer que fossem;
não ousaria arrebatar ninguém de lá
e saberia como deve comportar-se 1065
um estrangeiro em relação aos cidadãos.
Tu, entretanto, desonras a tua cidade,
que não merece essa desconsideração;
os anos que viveste fizeram de ti
ao mesmo tempo um ancião e um insensato. 1070
Disse e repito: traze-me as meninas já!
Se não obedeceres passarás a ser
um habitante da cidade a contragosto
e não por tua própria escolha e decisão.[28]

     CORIFEU

Vês, estrangeiro, em que situação estás? 1075

Por tua origem deverias ser bondoso;
teus atos, entretanto, demonstram que és mau.

Creonte

Não quis dizer, filho de Egeu, que faltam homens
aqui, nem procedi imponderadamente
como disseste; agi por não ter percebido   1080
que alguns dos habitantes da cidade iriam
interessar-se tanto por parentes meus
a ponto de contra a minha própria vontade
quererem protegê-los. Nunca imaginei
que Atenas iria acolher um parricida   1085
com sua mácula, um homem cujo himeneu
se revelou incestuoso. Mais ainda:
eu soube que o sábio Conselho com assento
no topo da colina de Ares[29] proibiu
a estada de andarilhos desse tipo aqui.   1090
Por haver confiado em tais informações
tentei apoderar-me agora desta presa.
E nem assim teria feito a tentativa
se ele não tivesse lançado imprecações
amargas contra mim e toda a minha raça.   1095
Diante desse tratamento insultuoso,
considerei-me no dever de revidar.
A cólera não envelhece e só a morte
a doma; apenas os defuntos não a sentem.
Procede, então, como te parecer melhor;   1010
digo que embora minha causa seja justa,
o fato de estar longe de minha cidade
deixa-me fraco; mas, apesar da velhice,
reagirei a quaisquer atos contra mim.

Édipo

Quem queres insultar, coração impudente?   1105
Este ancião que sou, ou queres atingir-te?
Teus lábios lançam contra mim assassinatos,
núpcias, desgraças, tudo que tenho sofrido
— ah! infeliz de mim! — sem qualquer culpa minha,
para a satisfação dos deuses, ressentidos   1110
— quem sabe? — há muito tempo com meus ancestrais;

em mim não acharias sequer um pecado
que me infamasse e me fizesse merecer
a acusação de provocar todos os outros
que por acaso cometi contra mim mesmo   1115
e contra meus parentes sem me aperceber.
Agora explica-me: se por meio do oráculo
a voz de um deus disse ao meu pai que um filho seu
um dia o mataria, como poderias
condenar-me por essa morte justamente,   1120
a mim, que ainda não tinha sequer nascido,
que nenhum pai havia até então gerado,
que nenhum útero de mãe já concebera?
E se, nascido apenas para desventuras
— como nasci —, vi-me diante de meu pai,   1125
fui obrigado a enfrentá-lo e o matei
sem ter a mínima noção do que fazia
e sem saber também quem era a minha vítima,
como alguém poderia agora condenar-me
por um ato sabidamente involuntário?   1130
A respeito de minha mãe — de tua irmã —,
não te envergonhas, infeliz, de compelir-me
a relembrar o que foram as suas núpcias,
como farei agora, pois não vou calar-me
depois de ouvir tuas palavras infamantes?   1135
Sim, ela era minha mãe — que desventura!
Ambos desconhecíamos toda a verdade
e essa mãe me deu os filhos que tivemos
para sua vergonha! Ao menos uma coisa
eu sei: difamas-nos deliberadamente   1140
aqui, enquanto a desposei malgrado meu,
e é malgrado meu que me refiro a isso.
Mas, não quero que me atribuam como crimes
nem esse casamento nem o assassínio
de um pai, que me lanças ao rosto sem cessar,   1145
insultando-me ainda com rudes ultrajes.
Responde apenas a uma pergunta minha:
se alguém aparecesse aqui neste momento
e tentasse matar-te — a ti, Creonte, o justo —,
quererias saber se quem te ameaçava   1150
era teu pai, ou antes o castigarias?
Penso que por amor à vida punirias

teu agressor sem maiores indagações
quanto ao teu pleno direito de eliminá-lo.
Pois esta foi exatamente a desventura   1155
com que me defrontei, levado pelos deuses.
Se a alma de meu pai inda tivesse vida
não me desmentiria agora. Tu, porém,
que não és justo e sempre tens a pretensão
de estar falando bem, sem fazer distinção   1160
entre os assuntos lícitos e os interditos,
vens lançar sobre mim essas infâmias todas,
apesar de haver tanta gente nos ouvindo!
Achas conveniente ainda enaltecer
o nome de Teseu e seu modo louvável   1165
de governar a sua terra, mas ignoras
em meio a tantos elogios que se existe
uma cidade cuidadosa dos deveres
em relação aos deuses mais que qualquer outra,
ela se chama Atenas; pois queres roubar-lhes   1170
o suplicante, o ancião que agora sou
e já te apoderaste de minhas crianças
para levar-nos contigo tranquilamente!
Por isso invoco aqui e agora aquelas deusas,
suplico-lhes, conjuro-as com minhas preces   1175
a me ajudarem como santas aliadas,
para que possas afinal aquilatar
a galhardia dos guardiães deste lugar.

CORIFEU

Este estrangeiro, rei, é um homem de bem.
Suas desditas arruinaram-lhe a existência   1180
e lhe dão o direito de ser socorrido.

TESEU

Já se falou demais; os agressores agem,
e nós, as vítimas, estamos indecisos.

CREONTE

Que deverei fazer como homem indefeso?

TESEU

Mostra-me a rota que nos levará a elas.[30]   1185
Seguir-te-ei, pois se as deténs onde imagino
tu mesmo hás de levar-me até o esconderijo.
Se seus guardas se dispuserem a fugir,
nada farei, pois outros agirão por mim
e deles teus homens jamais escaparão   1190
para dar graças aos bons deuses. Caminhemos!
Fica sabendo: quem prendia será preso
e o destino já tem nas mãos o caçador.
Tesouro obtido pela astúcia desonesta
não se conserva, e nisto não terás ninguém   1195
para ajudar-te, pois tenho plena certeza
de que não te faltaram cúmplices e apoio
para chegares à ousadia e violência
que agora ostentas. Confiavas certamente
em alguém quando decidiste agir assim.   1200
Terei de estar atento a essas circunstâncias
para evitar que considerem minha pátria
tão fraca a ponto de curvar-se a um homem só.
Segues o meu raciocínio, ou minha fala
está soando agora tão inútil quanto   1205
te pareceu na hora de tramar teus golpes?

CREONTE

Enquanto eu estiver aqui não farei críticas
a nada que disseres, mas, de volta a Tebas,
sei muito bem qual é o meu dever.

TESEU

Embora ameaçando, trata de marchar.   1210
Tu, Édipo, deves ficar aqui em paz;
garanto que se a morte não me levar antes,
nada me impedirá de devolver-te as filhas.

ÉDIPO

Meu desejo, Teseu, é ver-te premiado

pela nobreza e pelo empenho justiceiro   1215
demonstrados por ti em relação a mim.

    Saem TESEU *e* CREONTE *com suas escoltas.*

CORO

Ah! Como eu gostaria de encontrar-me
nas paragens amadas por Apolo
ou nas iluminadas pelas tochas
sagradas[31] onde nossos inimigos   1220
terão de dar dentro de pouco tempo
a meia-volta e engajar-se em luta,
assustados com o estridor do bronze!
Lá se celebram os ritos solenes
instituídos pelas Grandes Deusas   1225
para a felicidade dos mortais
em cujos lábios põe-se a chave de ouro[32]
de seus oficiantes, os Eumôlpidas.
É lá que em minha opinião Teseu,
o herói de quem dependem as batalhas,   1230
e as duas irmãs virgens sem destino
se juntarão após o duro embate.
A não ser que depois de ultrapassarem
os campos de Oia os tebanos prefiram
seguir na direção do oeste, indo   1235
para o pico nevado,[33] porfiando
para fugir em seus corcéis ou carros
numa disputa de velocidade,
é certa a sua perdição. A luta
será terrível, e também terrível   1240
vai ser a valentia dos Teseidas.[34]
Brilham os freios na tropa montada
dos jovens devotos de Atena Equestre
e do deus rei do mar que abraça a terra,
filho querido da divina Réa.[35]   1245
Já estarão pugnando, ou se preparam
para o combate? Uma premonição
me vem à mente e diz que sem demora
eles trarão intactas as meninas
vítimas de perseguição cruel   1250

164   *A trilogia tebana*

e cruelmente tratadas agora
por gente cujo sangue é o mesmo seu.
Mas hoje Zeus porá fim aos seus males!
Quero augurar vitória no confronto
e gostaria de ser uma pomba   1255
mais rápida que o próprio vento, oculta
nas alturas de uma nuvem etérea
para ver com meus olhos o combate.
Zeus! Tu que tens o dom de tudo ver,
senhor supremo de todos os deuses,   1260
concede aos homens fortes desta terra
em seu vigor vitorioso a graça
de capturar com suas mãos a presa!
Invoco ainda tua augusta filha,
Palas Atena, e além dela Apolo,   1265
divino caçador acompanhado
por sua irmã,[36] companheira das corças
de pele pintalgada e patas rápidas,
reiterando-lhes o meu desejo
de vê-lo vir com sua dupla ajuda   1270
trazendo auxílio aos homens desta terra!

Corifeu

Pobre estrangeiro errante! Não irás dizer
ao teu guardião que ele foi um falso profeta.
Já vejo as tuas filhas! Ambas se aproximam
bem escoltadas, vindo em nossa direção.   1275

Entram Antígona *e* Ismene *em companhia de* Teseu.

Édipo

Onde? Onde? Que há? Que dizes?

Antígona

                              Pai! Meu pai!
Ah! Se um deus te deixasse ver neste momento
o homem ótimo que nos devolve a ti!

ÉDIPO

Ah! Minhas filhas! Estais realmente aqui?

ANTÍGONA

Estamos, pai, e devemos a salvação 1280
às mãos de Teseu e às de seus bons companheiros.

ÉDIPO

Ah! Minhas filhas! Vinde a mim, ao vosso pai!
Quero sentir os vossos corpos novamente,
pois já perdera as esperanças de encontrar-vos!

ANTÍGONA

Será como desejas; teu prazer é o nosso. 1285

ÉDIPO

Onde estais? Onde?

ANTÍGONA

Bem perto de ti, meu pai.

ÉDIPO

Ah! Crianças queridas!

ANTÍGONA

Tudo é caro a um pai.

ÉDIPO

Meus dois bordões![37]

ANTÍGONA

E fracas como tu, meu pai!

ÉDIPO

Para mim, todavia, o bem mais estimado.
Mesmo na morte, filhas, não conhecerei   1290
desventura total se apenas vos sentir
perto de mim. Chegai-vos, abraçai-me agora
e tereis posto fim a esta solidão
que torna lastimável minha vida errante.
Depois, contai-me os fatos, mas concisamente   1295
(poucas palavras condizem com vossa idade).

ANTÍGONA

Indicando TESEU.

Aqui está quem nos salvou. Deves ouvi-lo,
pois ele foi o autor do feito; assim, meu pai,
atendo ao teu pedido quanto à brevidade.

ÉDIPO

Dirigindo-se a TESEU.

Não deves admirar-te se estou abusando   1300
e se prolongo esta conversa na presença
destas meninas que reencontrei agora,
quando já não tinha esperanças de revê-las.
Sei que minha alegria em relação a elas
me vem de ti, de mais ninguém, pois as salvaste,   1305
apenas tu entre os mortais; suplico aos deuses
que te protejam e ao teu povo como quero,
pois entre vós, acima de todos os homens,
encontrei piedade, retidão, e lábios
avessos à mentira; sei bem o que digo   1310
quando te recompenso, embora com palavras,
pois recebi de ti, Teseu, tudo que tenho,
e de nenhum outro mortal. Peço-te, rei,
que me estendas agora a tua mão direita;
quero apertá-la, e se for lícito desejo   1315
beijar-te a fronte... Mas me excedo na ousadia!
Como, sendo o infeliz que sou, posso atrever-me
a impor-te o contacto com um homem cujo corpo

abriga a mácula de todos os pecados?
Não vou tocar-te, nem permito que me toques,   1320
Somente quem passou por provações iguais
pode participar das minhas; cumprimento-te
de onde me encontro e peço-te que no futuro
me ajudes lealmente como até agora.

TESEU

Não me admira que tenhas prolongado um pouco   1325
a tua fala, alegre por rever as filhas,
nem que tua atenção tenha sido primeiro
para as palavras delas e não para mim;
de fato, não há nada de ofensivo nisso.
Não quero ornar a minha vida com discursos,   1330
e sim com atos; já dei provas do que digo,
pois não faltei a uma sequer das promessas
feitas há pouco tempo, ancião; estou aqui
trazendo as tuas duas filhas vivas, livres
de todos os perigos que as ameaçavam;   1335
quanto à vitória consequente à nossa luta,
por que irei vangloriar-me inutilmente?
Estas meninas te porão a par de tudo,
agora que ambas vão permanecer contigo.
Mas, quero consultar-te acerca de rumores   1340
que ouvi há pouco tempo a caminho daqui.
Embora possam parecer pouco importantes,
talvez causem admiração; homem nenhum
deve ser negligente a respeito de fatos.

ÉDIPO

Que é, filho de Egeu? Explica-te melhor,   1345
pois nada sei acerca de tua consulta.

TESEU

Disseram-me que um forasteiro, apresentando-se
não como teu concidadão, mas como teu parente,
há pouco tempo se lançou ao pé do altar
de Poseidon, no qual eu mesmo oferecia   1350
um sacrifício antes de vir ao teu encontro.

ÉDIPO

De onde ele é? Que espera como suplicante?

TESEU

Apenas sei que se interessa em ter contigo
uma conversa breve, não muito enfadonha.

ÉDIPO

Mas, sobre o quê? Ninguém assume essa atitude   1355
para tratar de assuntos insignificantes.

TESEU

Dizem que ele pretende obter algo de ti
e logo partirá sem se expor a perigos.

ÉDIPO

E quem quer ver-me apenas para um pedido?

TESEU

Medita um pouco: não terás algum parente   1360
em Argos, ansioso por certo favor?

ÉDIPO

Não, melhor dos amigos! Para neste ponto!

TESEU

Que há contigo?

ÉDIPO

Não me faças tais perguntas!

TESEU

Sobre que assunto? Fala!

ÉDIPO

Depois de escutar-te
já percebi, Teseu, quem é o suplicante.   1365

TESEU

Quem é? Isso daria razões para queixas?

ÉDIPO

Ah! Soberano! Ele é meu filho detestado.
Suas palavras me fariam sofrer mais
que as de qualquer outra pessoa neste mundo.

TESEU

Mas, como? Não podes ouvi-lo sem fazer   1370
o que não queres? Que há de tão doloroso
no simples fato de escutar suas palavras?

ÉDIPO

A sua voz, senhor, tornou-se odiosíssima
aos ouvidos de um pai. Não deves constranger-me
a concordar contigo quanto ao teu pedido.   1375

TESEU

Mas, essa aquiescência seria devida
à sua condição de suplicante; lembra-te
de respeitar o deus que o acolheu aqui.

ANTÍGONA

Ouve-me, pai, embora eu seja muito jovem
para dar-te conselhos. Deves concordar   1380
com este homem; permite-lhe atender
à sua consciência e mais ainda ao deus,
pois esse é o seu desejo; a nós duas, meu pai,
concede-nos esse encontro com nosso irmão.
Fica tranquilo; ele não pode demover-te   1385

à força de tua firme resolução
com palavras contrárias ao teu próprio bem.
Que risco pode haver em ouvi-lo falar?
Planos perversos se revelam na linguagem.
Tu o geraste; logo, ainda que ele fosse   1390
fazer-te as mais impiedosas vilanias
não terias direito de retaliar
tratando-o com maldade. Numerosos pais
já puseram no mundo filhos celerados
e sentiram por eles a mais forte cólera,   1395
mas as ponderações suaves dos amigos
como se fossem sortilégios contiveram
os ímpetos iniciais de sua índole.
Não olhes tuas desventuras atuais,
e sim as do tempo passado, cuja culpa   1400
coube ao teu pai e à tua mãe; se meditares,
verás — tenho certeza — que maus sentimentos
só podem conduzir a resultados maus.
Tens uma prova nada desprezível disso
na perda de teus olhos para sempre cegos.   1405
Deixa-te convencer por nós. A intransigência
deve ceder diante de um pedido justo,
e não convém a quem recebeu um favor
recusar-se a pagá-lo em retribuição.

ÉDIPO

Vencendo-me com tua exortação, consegues   1410
uma vitória amarga que te alegra, Antígona;
seja então tudo como queres, minha filha.

Dirigindo-se a TESEU.

Peço-te apenas, estrangeiro, que se o homem
vier até aqui, não deixes que nem ele
nem ninguém ponha as mãos sobre minha pessoa.   1415

TESEU

Uma vez é bastante; não é necessário
que me digas essas palavras duas vezes.
Não pretendo vangloriar-me, mas afirmo

que agora tua vida está segura, ancião,
enquanto os deuses assegurarem a minha.   1420

    TESEU afasta-se com seu séquito.

CORO

Quem não se satisfaz com um quinhão
normal de vida e deseja um maior,
parece-me em verdade um insensato.
Dias sem número nunca reservam
a ninguém nada mais que dissabores   1425
mais próximos da dor que da alegria.
Quanto aos prazeres, não os discernimos
e nossa vista os buscará em vão
logo que para nossa desventura
chegamos ao limite prefixado.   1430
E desde então o nosso alívio único
será aquele que dará a todos
o mesmo fim, na hora de chegar
de súbito o destino procedente
do tenebroso reino onde não há[38]   1435
cantos nem liras, onde não há danças
— ou seja, a Morte, epílogo de tudo.
Melhor seria não haver nascido;
como segunda escolha bom seria
voltar logo depois de ver a luz   1440
à mesma região de onde se veio.[39]
Desde o momento em que nos abandona
a juventude, levando consigo
a inconsciência fácil dessa idade,
que dor não nos atinge de algum modo?   1445
Que sofrimentos nos serão poupados?
Rixas, rivalidades, mortandade,
lutas, inveja, e como mal dos males
a velhice execrável, impotente,
insociável, inimiga, enfim,   1450
na qual se juntam todas as desditas.[40]
Não é apenas meu esse destino.
Vede este infortunado semelhante
a um promontório defrontando o norte,
açoitado em todas as direções   1455

por altas ondas e duras tormentas.
Este infeliz também é flagelado
sem tréguas por desventuras horríveis,
como se fossem vagalhões, uns vindos
lá do Poente, outros lá do Levante,   1460
outros lá de onde o sol lança seus raios
ao meio-dia, outros do alto Ripeu
sempre coberto pela noite escura.[41]

ANTÍGONA

Parece-me que o forasteiro se aproxima;
ele está só, meu pai, e correm de seus olhos   1465
lágrimas abundantes enquanto caminha.

ÉDIPO

E quem é ele, filha?

ANTÍGONA

    Aquele em quem pensávamos
há pouco tempo; está presente Polinices.

POLINICES

Ah! Meninas! Que faço? Chorarei primeiro
por minha própria desventura, ou pela dele,   1470
meu pai idoso, que já posso ver ali?
Venho encontrá-lo aqui convosco, em solo estranho,
usando esses andrajos gastos, horrorosos,
cujo tecido lhe maltrata os velhos flancos
mal cobertos, enquanto sobre sua fronte   1475
o vento agita-lhe os cabelos desgrenhados
que não me deixam ver-lhe os olhos sem visão.
Combinam bem com sua roupa os alimentos
com que ele está nutrindo seu sofrido ventre.
Eu, o maldito, fico a par desses horrores   1480
tarde demais, e testemunho que provei
ser o pior dos homens todos no tocante
aos cuidados para contigo; de mim mesmo,
e não de outro qualquer, fica sabendo disso.

Mas, junto a Zeus e partilhando o mesmo trono,   1485
senta-se a Piedade, atenta aos nossos atos.
Que venha ela, então, ficar perto de ti.
Não é possível corrigir faltas passadas,
nem tampouco podemos torná-las mais graves.

Pausa.

Por que não falas? Dize alguma coisa, pai,   1490
não te afastes de mim... Não me responderás
e queres humilhar-me mandando-me embora
sem uma única palavra e sem dizer
qual a razão de teu rancor para comigo?
Vós, que sois suas filhas e minhas irmãs,   1495
tentai, ao menos vós, tirar uma palavra
desses lábios intransigentes, incapazes
de pronunciar qualquer palavra acolhedora,
para que ele não mande embora um suplicante
do deus, humilhado a tal ponto e sem resposta!   1500

ANTÍGONA

Revela-lhe, infeliz, tu mesmo, o que te obriga
a vir aqui; muitas vezes certas palavras
de júbilo ou de angústia, talvez ternura,
podem até restituir a voz aos mudos.

POLINICES

Então falarei tudo; teu conselho é bom.   1505
Tomo primeiro como defensor o deus
aos pés do qual eu me encontrava quando o rei
mandou-me levantar e vir ao vosso encontro,
assegurando-me o direito de falar,
de ouvir e finalmente de me retirar   1510
em segurança. Espero que esse compromisso
seja honrado por vós, estrangeiros presentes,
e por minhas irmãs, e também por meu pai.
Agora desejo falar contigo, pai.
para dizer-te por que vim até aqui   1515
Fui banido de minha terra e me exilei
por ter querido como filho primogênito

174   *A trilogia tebana*

subir ao trono e reinar soberanamente.
Por isso Etéocles, apesar de mais jovem,
expulsou-me de minha pátria sem tentar   1520
persuadir-me graças a bons argumentos
e sem mostrar-se mais valente e poderoso,
somente por haver seduzido a cidade.
Parece-me que a causa dessa usurpação
foi antes de mais nada a tua maldição,   1525
como também revelam os próprios oráculos.
Chegando a Argos dórica tornei-me genro
de Ádrasto e consegui formar na terra de Ápis,[42]
mediante juramento, um grupo de guerreiros
considerados os primeiros em bravura   1530
e honrados como tais. Organizei com eles
um grande exército de sete contingentes,
e à sua frente pus-me em marcha contra Tebas,
disposto a expulsar de lá os responsáveis
pela brutal usurpação ou a morrer   1535
por uma causa inexcedivelmente justa.
Continuando, por que vim até aqui?
Para fazer-te como suplicante, pai
uma prece em meu próprio nome e ao mesmo tempo
em nome de meus aliados que sitiam   1540
agora mesmo, com seus sete contingentes
e sete chefes, Tebas e sua planície.
Começo por Anfiarau de dardo rápido,
primeiro no combate e primeiro em presságios;
o segundo é Tideu, filho de Eneu, etólio;   1545
em terceiro lugar está o argivo Etéoclo;
em quarto Hipomedon, enviado por Talau,
seu próprio pai; o quinto chefe é Capaneu,
que prometeu queimar a cidade de Tebas,
aniquilando-a para sempre; o sexto chefe,   1550
Partenopeu, leal e belicoso arcádio
que deve o nome a Talante, sua mãe,
virgem impávida durante muito tempo.
O último sou eu, teu filho — ou, se não teu,
gerado pelo mais cruel destino — eu,   1555
conhecido como teu filho, condutor
das valorosas hostes de Argos rumo a Tebas.
E todos nós, por estas tuas filhas, pai,
e até por tua vida, juntos imploramos

que diminuas o grave ressentimento   1560
contra teu filho no momento da partida
para vingar-se de um irmão usurpador
que o despojou de sua pátria. Se devemos
dar crédito aos oráculos, o vencedor
será aquele que obtiver o teu apoio.   1565
Agora, então, por nossas fontes,[43] pelos deuses
de nossa raça, ouve, cede à minha súplica!
Que sou aqui? Simples pedinte, um exilado,
como tu mesmo um estrangeiro. Ambos tivemos
destino igual, sempre lisonjeando os outros.[44]   1570
Etéocles, muito ao contrário, atualmente
— ah! infeliz de mim! — é rei em nosso trono
e zomba vaidosamente de nós dois.
Mas, se eu contar com teu apoio em meus propósitos,
dentro de pouco tempo e com pouca fadiga   1575
poderei dispersar aos ventos suas cinzas.
Em seguida regressarás ao teu palácio,
e a ele voltarei também, logo depois
de o forçar a deixá-lo. Se for teu desejo,
já posso alardear triunfo, mas sem ti   1580
não sei sequer se sobreviverei à luta.

CORIFEU

Em atenção àquele que o envia, Édipo,
dize ao recém-chegado algo que o esclareça
e só depois dá-lhe ordens para ir-se embora.

ÉDIPO

Ah! Chefes desta terra! Se o próprio Teseu   1585
não o tivesse encaminhado a mim aqui,
considerando justo que ele recebesse
uma resposta minha, este homem não teria
ouvido a minha voz; agora, todavia,
quando partir de volta estará satisfeito   1590
depois de ouvir palavras que não se destinam
a dar-lhe a mínima alegria em sua vida.

Dirigindo-se a POLINICES.

Perverso, que quando tiveste o cetro e o trono
usufruídos hoje por teu próprio irmão
em Tebas, expulsaste, tu mesmo, teu pai   1595
e o transformaste simplesmente num apátrida
coberto por estes andrajos cujo aspecto
te leva às lágrimas, porém somente agora
que vives nessa angústia semelhante à minha!
Já não é hora de chorar; cumpre-me apenas,   1600
enquanto estiver entre os vivos, suportar
meus males, ciente de que és o meu verdugo.
É tua a culpa se vivo nesta miséria,
pois me expulsaste, e se levo uma vida errante
de mendigo pedindo o pão de cada dia,   1605
tu és a causa. E se eu não tivesse gerado
estas meninas a quem devo o meu sustento,
e dependesse só de ti para viver,
já estaria morto. Devo-lhes a vida
e minha nutrição, pois elas se comportam   1610
como se fossem homens em vez de mulheres
para ajudar-me em minha existência penosa.
Etéocles e tu nasceram de outro pai,
e não de mim. Por isso os olhos do destino
fixam-se em ti, não tanto agora, mas depois,   1615
se os contingentes de que falas já avançam
em direção a Tebas. Ouve bem: jamais
poderá conquistá-la; antes morrerás
sangrentamente e teu irmão cairá contigo.
É esta a maldição que vos lancei há tempo   1620
e reitero agora para a vossa ruína,
pois só assim achareis justa a reverência
em relação a quem vos deu a existência
e injusto o menosprezo por vosso pai cego
que vos gerou assim; estas duas meninas,   1625
ao contrário, não se portaram como vós.
Por isso minhas maldições serão mais fortes
que tuas súplicas e que teu trono e cetro,
se a imemorial Justiça está sentada
de fato ao lado das antigas leis de Zeus.   1630
Vai-te embora daqui, coberto de vergonha,
filho sem pai, o mais perverso dos perversos,
levando as maldições que chamo contra ti.
Queiram os deuses que jamais a tua lança

possa vencer a terra que te viu nascer! 1635
Queiram eles também que nunca mais regresses
a Argos rodeada de muitas colinas,
e que, ferido pela mão de teu irmão
usurpador, morras e ao mesmo tempo o mates!
Esta é a minha maldição: primeiro invoco 1640
as sombras paternais do Tártaro,[45] pedindo-lhes
que te recebam em seu seio. Invoco ainda
as divindades tutelares desta terra,
e Ares, enfim, que depôs em teu coração
e no de teu irmão este implacável ódio. 1645
Ouviste-me; retira-te e vai revelar
a todos os cadmeus[46] e aos seus bons aliados
quais são os privilégios que neste momento
Édipo está atribuindo aos seus dois filhos!

CORIFEU

Ah! Polinices! Não devo felicitar-te 1650
por tuas últimas gestões; apenas digo
que deves retirar-te imediatamente.

POLINICES

Ai de mim por minha viagem fracassada!
Ai de mim por meus numerosos companheiros!
Que fim terá a caminhada para a qual 1655
saí de Argos? Ah! Como sou infeliz!
Não posso anunciar a todos os amigos
este insucesso, nem fazê-los recuar,
e só me resta agora marchar em silêncio
para enfrentar o meu destino inelutável! 1660
Ah! Filhas dele! Ah! Minhas queridas irmãs!
Ao menos vós, que ouvistes as imprecações
impiedosas deste pai, não me afronteis.
Em nome de todos os deuses vos suplico:
se um dia sua maldição se consumar 1665
e se tiverdes meios de voltar a Tebas,
dai-me uma sepultura e oferendas fúnebres![47]
Assim, aos elogios que hoje recebeis
por vossa carinhosa ajuda a este homem
somar-se-ão outros louvores não menores 1670
pelos cuidados que me houverdes dispensado.

ANTÍGONA

Ouve uma ideia minha, Polinices! Peço-te!

POLINICES

Que devo ouvir, Antígona querida? Fala!

ANTÍGONA

Ordena ao teu exército que volte a Argos
tão depressa quanto possível, se não queres   1675
destruir-te a ti mesmo e à tua cidade.

POLINICES

Mas, isto é impossível! Como eu poderia
assumir novamente o comando das tropas
depois de acovardar-me nesta ocasião?

ANTÍGONA

Não cedas novamente à cólera, menino!   1680
Que lucrarás levando tua pátria à ruína?

POLINICES

Fugir é sempre vergonhoso, sobretudo
se na condição de mais velho eu me expuser
a ser o alvo do escárnio de meu irmão.

ANTÍGONA

Não vês aonde te levam diretamente   1685
as profecias de Édipo quando ele disse
que logo os dois se matariam um ao outro?

POLINICES

É isso que ele quer. Não devemos ceder.

Antígona

Ah! Infeliz de mim! Mas, quem se atreverá
a te apoiar se conhecer as profecias   1690
que este homem proferiu aqui a teu respeito?

Polinices

Não vou ser mensageiro de notícia más,
pois um bom comandante divulga somente
os fatos favoráveis e cala os funestos.

Antígona

Então, menino, é esta a tua decisão?   1695

Polinices

Sim, e seria vão tentares demover-me.
Agora devo percorrer o meu caminho
e ver se ele vai ser fatal em consequência
das palavras de mau agouro de meu pai
e de suas Fúrias.[48] Porém quanto a vós duas,   1700
queira Zeus conduzir-vos por caminhos bons
se após a minha morte me proporcionardes
os funerais pedidos, já que não podeis
fazer por mim ainda em vida coisa alguma.

Esquivando-se dos abraços das irmãs.

Soltai-me, e adeus, pois nunca mais me vereis vivo!   1705

Antígona

Ah! Quanta desventura!

Polinices

Não chores por mim!

ANTÍGONA

Mas, quem não choraria, meu irmão, sabendo
que já vais caminhando para o outro mundo[49]
aberto à tua frente para te engolir?

POLINICES

Se for inevitável, terei de morrer.   1710

ANTÍGONA

Não digas isso! Deixa-me persuadir-te!

POLINICES

Não me venhas dizer o que não devo ouvir!

ANTÍGONA

Serei muito infeliz se tiver de perder-te!

POLINICES

Se tudo vai acontecer de um modo ou de outro,
somente os deuses sabem. Peço-lhes apenas   1715
que afastem as desditas de vosso caminho,
pois todos acham que ambas já sofreram muito.

Sai POLINICES.

CORO

Chegam-nos novos males dolorosos
vindos também deste estrangeiro cego,
a não ser que o próprio destino atinja   1720
agora a sua meta, pois eu mesmo
nunca diria que jamais os deuses
tomam em vão as suas decisões.
O tempo cuida, cuida sempre delas,
tirando agora a boa sorte de uns   1725
e dando-a no dia seguinte a outros.

Ouve-se um trovão.

Ah! Zeus! Estrondam trovões nas alturas!

ÉDIPO

Ah! Filhas, minhas filhas! Seria tão bom
se algum dos moradores do lugar trouxesse
até aqui Teseu, o melhor dos heróis!   1730

ANTÍGONA

Que ideia te faz ter esse desejo, pai?

ÉDIPO

O raio alígero de Zeus me levará
dentro de alguns instantes para o outro mundo.
Agi! Mandai buscar Teseu sem perder tempo!

CORO

Retumba agora sobre nós o estrondo   1735
enorme, incrível, mandado por Zeus!
Sobe o terror até a extremidade
de meus cabelos; minha alma aturdida
se esvai. Luziu no céu outro relâmpago!
Que evento ele estará prenunciando?   1740
O medo me domina, pois jamais
ele alça voo em vão; a desventura
é sua companheira inseparável.
Saúdo-te, éter imenso! Ah! Zeus!

ÉDIPO

Ah! Minhas filhas! Pressinto a proximidade   1745
do fim prenunciado pelos próprios deuses
e nada poderá desviá-lo de mim!

ANTÍGONA

Como podes saber? Que aviso recebeste?

ÉDIPO

Percebo claramente. Mandai neste instante
alguém chamar por mim o senhor desta terra!   1750

CORO

Ouvistes? Novo estrondo prolongado
assusta-nos! Sê generoso, deus,
sê generoso se trazes à terra
que é nosso berço alguma estranha dádiva!
Mostra-te receptivo à minha prece   1755
e só por teres visto este maldito
não queiras dar-me participação
em tuas recompensas desastrosas!
Clamo apenas por ti, Zeus soberano!

ÉDIPO

Teseu já se aproxima? Irá ele encontrar-me   1760
ainda vivo e senhor de minha razão?

ANTÍGONA

Que segredo pretendes confiar-lhe, pai?

ÉDIPO

Em retribuição a tantos benefícios
quero prestar-lhe num sinal de gratidão
um favor ponderável que lhe prometi   1765
ao conhecê-lo em nosso encontro inicial.

CORO

Chega depressa, filho, não demores,
embora estejas no vale profundo
sacrificando um touro a Poseidon,
o deus do mar, em seu refúgio; vem!   1770
Este estrangeiro quer oferecer,
a ti, à nossa pátria, aos seus amigos,

o justo prêmio pelos benefícios
que recebeu. Apressa-te, senhor!

> *Reaparece TESEU.*

TESEU

Por que se escutam novamente tantas vozes   1775
soando ao mesmo tempo, a vossa, muito nítida,
e a do estrangeiro, também clara? Que se passa?
Caiu algum raio de Zeus, ou se aproxima
uma tormenta precedida por relâmpagos?
Tudo é possível quando o deus desencadeia   1780
alguma tempestade cheia de ameaças.

ÉDIPO

Tua presença, rei, atende aos meus desejos,
e um deus transforma tua vinda neste instante
numa oportunidade feliz para ti.

TESEU

Que fato novo aconteceu, filho de Laio?   1785

ÉDIPO

A minha vida está apenas por um fio
e não quero morrer frustrando-vos agora,
a ti e a Atenas, quanto ao que vos prometi.

TESEU

Que sinal do destino te deixa em suspenso?

ÉDIPO

Os próprios deuses vieram anunciar   1790
meu fim sem omitir os sinais combinados.

184 *A trilogia tebana*

TESEU

Por que supõe, ancião, que eles se manifestam?

ÉDIPO

Pelos trovões, prolongados e repetidos,
seguindo-se a relâmpagos inumeráveis,
saídos todos de suas mãos invencíveis.   1795

TESEU

Convences-me, pois sei que já fizeste muitas
e nunca desmentidas profecias, Édipo.
Dize-me agora o que me compete fazer.

ÉDIPO

Dir-te-ei, filho de Egeu, qual será o tesouro
que deveis preservar, tu e tua cidade,   1800
imune aos males inerentes à velhice.
Agora vou mostrar-te sem guia nenhum
o pedaço de terra onde devo morrer.
Em tempo algum, porém, poderás revelar
a qualquer outro homem o lugar oculto,   1805
nem mesmo a região onde ele se situa,
se queres que eu te envie no futuro ajuda
igual à de escudos e lanças incontáveis
mandados por vizinhos para socorrer-te.
Conhecerás mais tarde o mistério sagrado   1810
lá no local, só tu, pois nem eu mesmo posso
transmiti-lo a nenhum de teus concidadãos,
nem às minhas próprias crianças, apesar
do meu amor por elas. Terás de guardá-lo
por toda a vida, e na hora de tua morte   1815
confia-o somente ao súdito mais digno,
para que por seu turno ele o revele um dia
a um sucessor fiel e assim se faça sempre.
Desta maneira manterás a tua pátria
ao abrigo das incursões devastadoras   1820
dos soldados de Tebas.[50] Cidades sem número,
apesar de bem governadas, muita vezes

adotam a arrogância em relação a outras,
porém o olhar dos deuses, embora demore,
descobrirá aquelas que, contrariando 1825
a divina vontade, agem com violência.
Cuida, filho de Egeu, de evitar esse mal.
Mas, por que dar lições a quem já sabe disso?
Partamos já para o lugar a que aludi,
sem mais hesitações, pois o deus me compele. 1830
Vamos, filhas, assim — hoje o guia sou eu,
estranho, certamente, porém tão capaz
quanto fostes até agora para mim.
Vinde, não me toqueis; deixai-me descobrir,
eu mesmo, o túmulo sagrado onde o destino 1835
impõe que me sepultem nesta terra amiga.
Avançai por aqui, assim! É por aqui
que me conduzem Hermes, guia dos finados,
e a deusa dos infernos. Ah! Luz que meus
olhos não podem ver! Há muito tempo foste minha 1840
e pela derradeira vez meu pobre corpo
está sentindo-te presente. Parto agora
para ocultar meu último dia de vida
nas profundezas infernais. Sede felizes,
tu, o melhor de todos os anfitriões, 1845
tua Pátria, Teseu, e todos os teus súditos!
Não me esqueçais, porém, nos vossos dias prósperos,
mesmo depois de minha morte, se quiserdes
ser venturosos para sempre, todos vós!

       Saem todos acompanhando ÉDIPO.

CORO

Se posso recorrer contritamente 1850
em minhas preces à deusa invisível,[51]
e a ti, senhor das sombras, Aidoneu,
imploro-vos que o estrangeiro desça
à planície dos mortos, à morada
de Estige, onde tudo desaparece, 1855
sem enfrentar as penas da agonia!
Amarguras sem conta o abateram,
sem culpa sua, mas a divindade
vai premiá-lo honrando-o novamente.

Ah! Deusas infernais! Ah! Monstro invicto   1860
que em frente às portas por onde penetram
continuamente inumeráveis hóspedes,
ficas deitado ladrando em teu antro,
considerado pela tradição
o guardião indômito do inferno.   1865
Filho do Tártaro[52] e da Terra! Peço-te:
abre a passagem para o estrangeiro
em marcha para a planície infernal
onde todos os mortos se reúnem!
Suplico-te, deus do sono sem fim![53]   1870

Chega um MENSAGEIRO.

MENSAGEIRO

Posso dizer-vos em resumo, cidadãos;
Édipo já morreu; não me é, porém, possível
narrar sumariamente os fatos ocorridos,
pois eles não aconteceram num instante.

CORIFEU

Morreu, então, o infeliz?   1875

MENSAGEIRO

        Fica sabendo:
ele acaba de conquistar a vida eterna.

CORIFEU

De que maneira? A interferência de algum deus
livrou o desditoso de todos os males?

MENSAGEIRO

Há justamente nesse ponto uma razão
para nos admirarmos. No momento exato   1880
em que ele se afastou daqui — estava perto
e sabes como eu sei — não ia à sua frente
nenhum de seus amigos; nosso guia, então,

foi Édipo. Quando seus passos o levaram
à frente do escarpado umbral onde se veem   1885
os primeiros degraus de bronze de uma escada
que leva às raízes recônditas da terra,[54]
ele parou diante de uma das estradas
que partem do local, perto de uma cratera
onde se guardam para sempre os juramentos   1890
de lealdade outrora feitos por Teseu
e por Peirítoo. Ali, a igual distância
da cratera profunda, da rocha Torícia,
de uma pereira oca e da tumba de pedra,
afinal Édipo sentou-se. Lá tirou   1895
seus míseros andrajos e elevando a voz
pediu às suas filhas que fossem buscar
água corrente onde a encontrassem, pois queria
lavar-se e fazer libações. As duas foram
a uma colina visível à sua frente,   1900
dedicada a Deméter, deusa protetora
das plantas inda tenras, e logo atenderam
à vontade do pai; em seguida o lavaram
e o vestiram com roupas cerimoniais.
Logo depois de ele ter a satisfação   1905
de sentir-se como queria, e no momento
em que nada mais desejava, reboaram
os trovões de Zeus Infernal; ouvindo o estrondo,
as meninas tremeram e se prosternaram
aos pés do pai, batendo sem cessar no peito   1910
enquanto soluçavam consternadamente.
Ele, entretanto, ouvindo o pranto amargurado
abraçou-as e disse-lhes: "Ah! Minhas filhas!
"De hoje em diante vosso pai já não existe;
"de fato, agora acaba-se tudo que fui   1915
"e cessa o vosso encargo de cuidar de mim
"— muito penoso, eu sei, minhas pobres crianças —;
"uma palavra só, porém, vos recompensa
"por tantos sofrimentos: de ninguém tivestes
"amor maior que o deste homem sem o qual   1920
"ireis viver pelo resto de vossas vidas!"
Os três se estreitavam nos braços uns dos outros
mas, quando seus gemidos chegaram ao fim
e já não se podia ouvir-lhes os soluços,
todos ficaram em silêncio absoluto.   1925

188 *A trilogia tebana*

Subitamente uma voz se elevou, chamando-o;
num instante os cabelos dos três se arrepiaram
quando se ouviu a voz insistente do deus:
"Por que tardamos tanto a pôr-nos a caminho,
Édipo? Fazes-te esperar há muito tempo!"   1930
Quando ele percebeu que um deus o convocava,
mandou chamar Teseu para perto de si
e pressentindo-o nas proximidades disse-lhe:
"Querido amigo! Dá agora às minhas filhas
"a garantia jurada de tua mão   1935
"e vós, meninas, dai-lhe reciprocidade!
"E tu, Teseu, promete agora que jamais
"as abandonarás se depender de ti,
"e tanto quanto permitir tua bondade
"faze o possível para protegê-las sempre."   1940
Provando que era realmente um homem nobre,
Teseu, sem vacilar, jurou ao estrangeiro
que atenderia ao seu pedido. Isto feito,
Édipo se apressou em pôr sobre as meninas
suas mãos cegas e lhes disse: "Agora, filhas,   1945
"deveis reanimar em vossos corações
"toda a nobreza, abandonando este lugar
"sem ter a pretensão de ver ou de escutar
"o que não vos é permitido. Ide embora
"neste momento, mas Teseu, o soberano,   1950
"deve ficar para presenciar os fatos."
Assim ele falou e todos nós ouvimos,
e soluçando retiramo-nos com elas.
Quando nos afastávamos, logo depois,
olhamos para trás e notamos que Édipo   1955
já não estava lá; vimos somente o rei
com as mãos no rosto para proteger os olhos
diante de alguma visão insuportável.
Pouco depois — quase no mesmo instante — vimo-lo
fazendo preces e adorando juntamente   1960
a terra e o divino Olimpo com seus gestos.
Mas nenhum dos mortais, salvo o próprio Teseu,
pode dizer como Édipo chegou ao fim.
Não o atingiu qualquer relâmpago de Zeus,
nem um tufão vindo do mar naquela hora.   1965
Deve ter sido o mensageiro de algum deus,
ou então os abismos sempre tenebrosos

do mundo subterrâneo podem ter-se aberto
para levá-lo sem lhe causar sofrimentos.
O homem desapareceu sem lamentar-se   1970
e sem as dores oriundas de doenças,
por um milagre inusitado entre os mortais.
E se pareço estar falando loucamente,
Não posso reprovar quem me chamar de louco.

CORIFEU

Mas, onde estão as suas filhas e a escolta   1975
que foi com elas até aquele lugar?

MENSAGEIRO

Ambas não estão longe; ouvem-se claramente
os seus soluços, prenúncio de sua volta.

ANTÍGONA[55]

Ai de nós! Sim, é somente a nós duas
que desta vez, mais do que em qualquer outra,   1980
nos cabe deplorar a maldição
de nosso sangue, do sangue de um pai
que nos teve para nossa desgraça!
Por ele, enquanto vivo, suportamos
inumeráveis penas sem alívio   1985
e agora vamos ter de acrescentar-lhes
a narração de fatos espantosos
por nós presenciados e sofridos.

CORO

Que houve?

ANTÍGONA

Apenas imagino, amigo.

CORO

Ele se foi?   1990

ANTÍGONA

Morreu, e da maneira
mais desejável. Queres saber como?
Ele não encontrou em seu caminho
nem lutas nem o mar; arrebataram-no
os prados onde só existem trevas
num fim misterioso. Quanto a nós,   1995
uma noite mortal escureceu
nossa visão. Ah! Como poderemos
agora, errantes em terra distante,
ou sobre as vagas do oceano, obter
o pão do qual depende a nossa vida?   2000

ISMENE

Não sei. Suplico a Hades[56] assassino
que me leve daqui para onde está
meu velho pai — como sou infeliz!
Não posso mais viver a minha vida!

CORO

Ah! Duas filhas de fato excelentes!   2005
Tendes de suportar valentemente
o fardo imposto pelas divindades.
Evitai que este impulso vos domine,
pois vossa vida tem sido exemplar!

ANTÍGONA

De certo modo antigas desventuras   2010
podem ter sido prazeres perdidos;
as coisas menos doces eram doces
enquanto o tinha aqui entre meus braços!
Meu pai! Amigo meu! Já foste embora
levado para sempre em direção   2015
aos abismos do mundo subterrâneo,
mas, nem nas trevas onde estás agora
te faltarão o meu amor e o dela!

CORO

Coube-lhe a sorte...

ANTÍGONA

...a sorte desejada.

CORO

Mas, qual?

ANTÍGONA

Ele morreu em solo estranho   2020
de acordo com sua própria vontade.
Seu leito está oculto para sempre
e ao nosso luto não faltarão lágrimas.
Meus olhos, pai, não param de chorar
sentidamente, e não sei — ai de mim! —   2025
se terá fim essa tristeza imensa
que me deixaste. Querias morrer
em solo estranho, mas, por que morreste
assim, tão só, longe dos meus cuidados?

ISMENE

Ah! Infeliz de mim! Que nos reserva
a sorte, minha amiga, a mim e a ti,   2030
agora que perdemos nosso pai?

CORO

Mas, já que sua vida terminou
de maneira feliz, cessai, amigas,
de lamentar-vos, pois ninguém na vida   2035
está a salvo da infelicidade.

ANTÍGONA

Voltemos ao local, irmã querida.

ISMENE

Para fazer o quê?

ANTÍGONA

Sinto o desejo...

ISMENE

De quê?

ANTÍGONA

...de ver a morada profunda...

ISMENE

De quem?   2040

ANTÍGONA

...de nosso pai, pobre de mim!

ISMENE

Mas, como poderíamos ir lá?
Não pensas nisso?

ANTÍGONA

Por que me censuras?

ISMENE

Há outro ponto...

ANTÍGONA

Que dirás ainda?

Ismene

Ele está morto, mas sem sepultura,   2045
afastado de todos os olhares.

Antígona

Leva-me lá; matar-me-ei também.

Ismene

Ah! Infeliz de mim! Em que lugar
irei viver, só e desamparada,
minha vida repleta de infortúnios?

Coro

Não há razões para temor, amigas.   2050

Antígona

Mas, onde tentarei refugiar-me?

Coro

Já tendes um refúgio...

Antígona

Em que lugar?

Coro

...onde nada tereis a recear.

Antígona

Penso...

Coro

Por que pensar inutilmente?

ANTÍGONA

...nos meios de voltar à nossa casa,   2055
mas não consigo ver a solução.

CORO

Nem tentes.

ANTÍGONA

A fadiga me domina.

CORO

Há muito tempo ela te dominava.

ANTÍGONA

Ora a angústia, ora algo pior...

CORO

Tendes à vossa frente um mar de males.   2060

ANTÍGONA

Sei muito bem.

CORO

Meu pensamento é o mesmo.

ANTÍGONA

Ai! Ai de mim! Aonde iremos, Zeus?
Com que esperança a sorte nos acena?

Entra TESEU.

TESEU

Cessai vossas lamentações, meninas!
Quando contamos com a benevolência   2065
dos deuses infernais, por que gemer?
Provocaríamos a sua cólera.

ANTÍGONA

Ajoelhamo-nos e suplicamos-te,
filho de Egeu!

TESEU

Que pretendeis, meninas?

ANTÍGONA

Queremos ver, nós mesmas, o sepulcro   2070
de nosso pai.

TESEU

Mas isto é interdito!

ANTÍGONA

Que estás dizendo, rei, senhor de Atenas?

TESEU

O próprio Édipo deu-me a incumbência
de não deixar qualquer mortal chegar
às vizinhanças daquele lugar   2075
e de impedir que até com sua voz
alguém pudesse perturbar a paz
do túmulo sagrado onde ele jaz;
terei, se respeitar a sua ordem,
uma Pátria livre de provações.   2080
Dessas promessas foram testemunhas
o nosso deus e o próprio Juramento,
filho do grande Zeus que ouve tudo.

ANTÍGONA

Se é este o seu desejo, que assim seja.
Manda-nos logo de retorno a Tebas,   2085
nossa antiga cidade, para que,
se for possível, consigamos ambas
deter a marcha da carnificina
funesta para nossos dois irmãos.

TESEU

Vou tomar essa providência e todas   2090
que me competem para vos servir
e para dar satisfação ao morto
recém-partido; não descansarei
enquanto não cumprir minhas promessas.

CORIFEU

Agora basta; não há mais motivos   2095
para insistir nessas lamentações.
Tudo está decidido para sempre.

FIM

Notas ao *Édipo em Colono*

1. As Eumênides (veja-se verso 47), epíteto eufemístico das Fúrias (Erínies), cujo nome não se podia pronunciar. Veja-se também o verso 535.

2. *Febo:* epíteto de Apolo, significando "luminoso" (*phoibos*).

3. *Palas:* um dos nomes de Atena.

4. Isto é, guiado por Antígona.

5. O esquema métrico deste trecho faz pressupor uma lacuna de três versos nos manuscritos.

6. *Labdácidas:* descendentes de Lábdaco, avô de Édipo.

7. Era famosa na Grécia uma raça eqüina oriunda das proximidades do monte Etna, na Sicília.

8. Em decorrência do casamento incestuoso de Édipo com Jocasta, Antígona e Ismene eram ao mesmo tempo filhas e meio-irmãs de Édipo.

9. Veja-se Herôdotos, *História*, 11, 35.

10. Vejam-se os versos 344/345: "... sofro/pela segunda vez."

11. *Cadmeus:* epíteto dos tebanos, significando descendentes de Cadmo.

12. *Delfos:* local onde se situava o mais famoso dos oráculos de Apolo (Febo).

13. As profecias referentes ao parricídio e ao incesto.

14. *Deusas Benignas:* veja-se a nota 1. Outro epíteto eufemístico das Fúrias (Erínies).

15. Quando Creonte, grato a Édipo após a decifração dos enigmas da Esfinge, deu-lhe Jocasta em casamento e o pôs no trono de Tebas.

16. Teseu, como Édipo, passou sua infância longe da pátria; somente ao chegar à adolescência soube, por intermédio de sua mãe, que era filho de Egeu e voltou a Atenas, depois de uma viagem acidentada durante a qual enfrentou e matou vários bandidos perigosos.

17. A "voz dos próprios deuses" eram os oráculos.

18. As "deusas que alimentaram" Diôniso eram as Ninfas de Nisa.

19. As Grandes Deusas eram Deméter e sua filha Perséfone (ou Core). O narciso era a flor consagrada a Perséfone. No verso 771, Céfiso é um rio da Ática.

20. Todas essas alusões tinham uma significação especial para os habitantes da região de Colono, onde Sófocles nasceu. Nesse "hino" o poeta imortalizou as belezas e peculiaridades de sua terra natal.

21. Veja-se Herôdotos, *História*, VIII, 55.

22. O "deus poderoso" é Poseidon, cultuado especialmente em Colono.

23. Poseidon era o deus dos cavalos e das naus e se lhe atribuía a invenção dos freios e dos remos.

24. Alusão às duas filhas que serviam de apoio ("bordões") a Édipo. Veja-se o verso 1287, onde ocorre novamente a alusão metafórica a "bordões".

25. Alusão a Antígona, guia de seu pai cego.

26. "Aquele" é Creonte.

27. "Suplicantes": ao chegar a Colono, Édipo invocara a proteção divina para si mesmo; veja-se o verso 50.

28. Teseu dá a entender que prenderá Creonte.

29. O Areópago.

30. "Elas": Antígona e Ismene.

198   A trilogia tebana

31. Locais situados na região de Eleusis, onde eram especialmente veneradas as Grandes Deusas (Deméter e Perséfone).

32. Os iniciados aos quais os Eumôlpidas (descendentes de Êumolpos) revelavam os mistérios das Grandes Deusas, que não podiam ser divulgados aos profanos.

33. O monte Aigialeus ou a elevação de File.

34. Os partidários de Teseu.

35. Deusa-Titã, confundida com Gé, ou Gaia (a Terra). O deus do mar é Poseidon.

36. Ártemis.

37. Veja-se o verso 962.

38. "Do tenebroso reino"; literalmente "de Hades", o reino dos mortos (e também o deus maior do mundo dos mortos, ou Inferno).

39. Sófocles repete aqui, quase literalmente, conceitos pessimistas contidos nos versos 425/428 do poema de Teôgnis (poeta moralista do século VI a.C.). Herôdotos (1,31) atribui conceitos semelhantes a Croisos (Creso), rei da Lídia de 560 a 546 a.C.

40. Compreende-se melhor essa manifestação pessimista de Sófocles tendo-se em vista que esta tragédia foi escrita no fim de uma longa vida.

41. *Ripeu:* montanha lendária tida como a fronteira setentrional do mundo conhecido pelos antigos.

42. *Ápis:* um dos nomes do Peloponeso, derivado do profeta e mágico homônimo.

43. As fontes, principalmente a Dirceia, eram especialmente veneradas em Tebas. Veja-se a *Antígona*, versos 115 e 942.

44. Na condição de exilados, Polinices e Édipo tinham de mendigar e lisonjear.

45. A parte mais recôndita no Inferno, onde eram castigados os piores criminosos.

46. Veja-se a nota 11.

47. Sófocles antecipa aqui o tema da *Antígona*.

48. As Erínies, deusas vingadoras dos crimes dos filhos contra seus pais. Vejam-se as notas 1 e 14.

49. Literalmente: "para o Hades", o mundo dos mortos.

50. Literalmente: "dos homens semeados", a raça tebana oriunda dos dentes de dragão semeados por Cadmos no local onde seria fundada Tebas.

51. "Deusa invisível": Perséfone. Aidoneu, em seguida, é outro nome de Hades, o deus dos mortos, "senhor das sombras". Estige (*Styx*), um dos rios do Inferno. O "monstro invicto" do verso 1859 é o cão Cérbero.

52. Veja-se a nota 45.

53. A última invocação ("deus do sono sem fim") parece referir-se a Tânatos (a morte personificada).

54. Uma fenda na rocha, que segundo a lenda era a entrada para o mundo dos mortos. Teseu e Peirítoos teriam descido aos infernos por essa fenda, quando os dois foram ao Hades numa tentativa para raptar Perséfone. Esses detalhes topográficos, da mesma forma que os mencionados em seguida, eram familiares aos atenienses da época de Sófocles.

55. Este trecho final, até o verso 2063, constitui um treno, composição lírica marcada pela tristeza. Nesta peça, como nas outras duas, procuramos acompanhar, na medida do possível, a diversidade dos metros do original.

56. *Hades:* veja-se a nota 38.

Antígona

Época da ação: idade heroica da Grécia.
Local: Tebas.
Primeira representação: 441 a.C., em Atenas (data aproximada).

PERSONAGENS

ANTÍGONA ⎱ filhas de Édipo e de Jocasta
ISMENE ⎰
CREONTE, rei de Tebas como sucessor de Édipo, e irmão de Jocasta.
GUARDA
HÊMON, filho de Creonte e de Eurídice
TIRÉSIAS, adivinho
EURÍDICE, mulher de Creonte
PRIMEIRO MENSAGEIRO
SEGUNDO MENSAGEIRO
CORO de anciãos tebanos

FIGURANTES MUDOS

CRIADOS
CRIADAS
GUARDAS
MENINO, guia de Tirésias

Cenário

O frontispício do palácio real, na ágora de Tebas, onde reina CREONTE.
Nasce o dia seguinte à derrota dos argivos comandados por POLINICES,
que haviam iniciado a fuga na noite expirante. Estão em cena
ANTÍGONA *e* ISMENE.

ANTÍGONA

Minha querida Ismene, irmã do mesmo sangue,
conheces um só mal entre os herdados de Édipo
que Zeus[1] não jogue sobre nós enquanto vivas?
Não há, de fato, dor alguma, ou maldição,
afronta ou humilhação que eu não esteja vendo   5
no rol das tuas desventuras e das minhas.
Já tens conhecimento do decreto novo
que o rei, segundo dizem, promulgou agora
e mandou publicar pela cidade inteira?
Já te falaram dele, ou tu não vês ainda   10
os males que ameaçam os amigos nossos,
premeditados pelos nossos inimigos?

ISMENE

Sobre os amigos não ouvi notícia alguma,
Antígona, fosse agradável, fosse triste,
desde que nos levaram nossos dois irmãos   15
mortos no mesmo dia um pela mão do outro.
Já desapareceram os soldados de Argos
durante a noite recém-finda, e mais não sei,
nem mesmo se sou mais feliz ou infeliz.

ANTÍGONA

Eu já previa e te chamei aqui por isso;   20
apenas tu irás ouvir-me e mais ninguém.

ISMENE

Que há? Estás inquieta com as más notícias?

Antígona

Pois não ditou Creonte que se desse a honra
da sepultura a um de nossos dois irmãos
enquanto a nega ao outro? Dizem que mandou   25
proporcionarem justos funerais a Etéocles
com a intenção de assegurar-lhe no além-túmulo
a reverência da legião dos mortos; dizem,
também, que proclamou a todos os tebanos
a interdição de sepultarem ou sequer   30
chorarem o desventurado Polinices:
sem uma lágrima, o cadáver insepulto
irá deliciar as aves carniceiras
que hão de banquetear-se no feliz achado.
Esse é o decreto imposto pelo bom Creonte   35
a mim e a ti (melhor dizendo: a mim somente);
vê-lo-ás aparecer dentro de pouco tempo
a fim de alardear o edito claramente
a quem ainda o desconhece. Ele não dá
pouca importância ao caso: impõe aos transgressores   40
a pena de apedrejamento até a morte
perante o povo todo. Agora sabes disso
e muito breve irás tu mesma demonstrar
se és bem-nascida ou filha indigna de pais nobres.

Ismene

Mas, nessas circunstâncias, infeliz irmã,   45
teria eu poderes para te ajudar
a desfazer ou a fazer alguma coisa?

Antígona

Decide se me ajudarás em meu esforço.

Ismene

Em que temeridade? Qual a tua ideia?

Antígona

Ajudarás as minhas mãos a erguer o morto?   50

ISMENE

Vais enterrá-lo contra a interdição geral?

ANTÍGONA

Ainda que não queiras ele é teu irmão
e meu; e quanto a mim, jamais o trairei.

ISMENE

Atreves-te a enfrentar as ordens de Creonte?

ANTÍGONA

Ele não pode impor que eu abandone os meus.   55

ISMENE

Pobre de mim! Pensa primeiro em nosso pai,[2]
em seu destino, abominado e desonrado,
cegando os próprios olhos com as frementes mãos
ao descobrir os seus pecados monstruosos;
também, valendo-se de um laço retorcido,   60
matou-se a mãe e esposa dele — era uma só —
e, num terceiro golpe, nossos dois irmãos
num mesmo dia entremataram-se (coitados!),
fraternas mãos em ato de extinção recíproca.
Agora que restamos eu e tu, sozinhas,   65
pensa na morte inda pior que nos aguarda
se contra a lei desacatarmos a vontade
do rei e a sua força. E não nos esqueçamos
de que somos mulheres e, por conseguinte,
não poderemos enfrentar, só nós, os homens.   70
Enfim, somos mandadas por mais poderosos
e só nos resta obedecer a essas ordens
e até a outras inda mais desoladoras.
Peço indulgência aos nossos mortos enterrados
mas obedeço, constrangida, aos governantes;   75
ter pretensões ao impossível é loucura.

ANTÍGONA

Não mais te exortarei e, mesmo que depois
quisesses me ajudar, não me satisfarias,
Procede como te aprouver; de qualquer modo   80
hei de enterrá-lo e será belo para mim
morrer cumprindo esse dever: repousarei
ao lado dele, amada por quem tanto amei
e santo é o meu delito, pois terei de amar
aos mortos muito, muito tempo mais que aos vivos.
Eu jazerei eternamente sob a terra   85
e tu, se queres, foge à lei mais cara aos deuses.

ISMENE

Não fujo a ela; sou assim por natureza;
não quero opor-me a todos os concidadãos.

ANTÍGONA

Alega esses pretextos, mas não deixarei
sem sepultura o meu irmão muito querido.   90

ISMENE

Ah! Infeliz! Quanta preocupação me causas!

ANTÍGONA

Não deves recear por mim; cuida de ti!

ISMENE

Ao menos não reveles a ninguém teus planos;
oculta-os bem contigo e eu farei o mesmo.

ANTÍGONA

Não faças isso! Denuncia-os! Se calares,   95
se não contares minhas intenções a todos,
meu ódio contra ti será maior ainda!

ISMENE

Ferve o teu coração pelo que faz gelar!

ANTÍGONA

Mas dou satisfação àqueles que, bem sei,
tenho o dever de, mais que a todos, agradar. 100

ISMENE

Se houvesse meios... Mas desejas o impossível.

ANTÍGONA

Quando sentir faltar-me a força, pararei.

ISMENE

Mas o impossível não se deve nem tentar.

ANTÍGONA

Falando dessa forma ganharás meu ódio
e te exporás a ser odiada pelo morto 105
eterna e justamente. Deixa-me enfrentar,
nesta loucura apenas minha, esses perigos;
assim me livro de morrer envergonhada.

ISMENE

Se crês que deves, vai, mas parte com a certeza
de que apesar de agires insensatamente 110
és verdadeira amiga para teus amigos.

Saem ANTÍGONA *e* ISMENE *em direções opostas. Entra o* CORO.

CORO

Raio de sol, mais bela claridade
já vista em Tebas,[3] a de sete portas,
brilhaste finalmente, olho do dia,

pairando sobre o manancial de Dirce.[4]   115
Puseste em fuga o célere guerreiro
de escudo branco, que viera de Argos
com toda a sua presunção marcial
disposto a conquistar a nossa terra;
persuadido pela fala ambígua   120
de Polinices, como se águia fora
precipitou-se em direção à terra
gritando forte e assustadoramente,
coberto com plumagem cor de neve,[5]
profusamente armado e protegido   125
com o elmo ornado de ondulante crina.
Sobrevoou hiante as nossas casas
e corvejou no umbral das sete portas
brandindo espadas ávidas de morte,
mas teve de voltar sem que as mandíbulas   130
fartasse em nosso sangue e que os archotes
resinosos de Hefesto consumissem[6]
a coroa de torres da cidade,
tão pavoroso foi em suas costas
o estrondo de Ares,[7] oponente invicto   135
dos inimigos do dragão tebano.[8]
Zeus, em verdade, odeia mais que tudo
a presunção das línguas atrevidas
e ao vê-los vir, numa torrente imensa,
na ostentação de suas muitas armas   140
douradas, fulminou com labaredas
aquele que se imaginava prestes
a proclamar vitória em sua meta
— o topo das muralhas da cidade.
Golpeado, ele se projetou no chão   145
estrepitosamente, segurando
ainda a tocha acesa em sua mão,
ele que havia pouco, delirante
de ardor insano se precipitara
impetuosamente contra nós,   150
movido por seu ódio tormentoso.
Seus golpes, todavia, não trouxeram
os resultados esperados; antes,
a cada um dos outros inimigos
o deus da guerra, sempre ao nosso lado,   155
impôs o seu destino, semeando

em torno deles todos o extermínio.
Nas sete portas, enfrentando os nossos,
seus sete chefes foram derrotados,
deixando as armas de maciço bronze 160
como tributo a Zeus — árbitro único
da decisão de todas as batalhas —,
exceto aqueles dois infortunados
nascidos de um só pai e uma só mãe,
que um contra o outro ergueram as espadas, 165
ambos irresistíveis, para enfim
compartilharem uma mesma morte.
Mas a Vitória de glorioso nome
está conosco agora e rejubila-se
com Tebas, dona de incontáveis carros; 170
hoje devemos esquecer a guerra
apenas finda; visitemos logo,
em meio a danças que entrem pela noite,
os templos, um por um, de nossos deuses.
E seja Baco[9] o nosso condutor, 175
ele, que faz tremer o chão de Tebas!

Aproxima-se CREONTE *acompanhado de guardas.*

Vejo, porém, já próximo de nós,
o novo rei, filho de Meneceu,
senhor da terra após as provações
que há pouco tempo os deuses nos mandaram. 180
Alguma preocupação o move,
pois em convocação geral nos chama,
a nós anciãos, para deliberar.

CREONTE

Senhores: eis de novo salva e aprumada
a nau de nossa terra pelas divindades, 185
após a dura tormenta que a sacudiu.
Apenas vós fostes chamados entre o povo
por emissários meus mandados de propósito,
primeiro porque sei que fostes bons, fiéis
e obedientes ao poder real de Laio;[10] 190
depois porque, quando Édipo era rei aqui,
e após a sua morte, a vossa lealdade

inabalável inda sustentou seus filhos.
Agora, todavia, que eles sucumbiram
em dupla morte, golpeando e golpeados   195
com suas próprias mãos impuras, em razão
do parentesco próximo entre mim e os mortos
hoje detenho o trono e suas regalias.
Não é possível conhecer perfeitamente
um homem e o que vai no fundo de sua alma,   200
seus sentimentos e seus pensamentos mesmos,
antes de o vermos no exercício do poder,
senhor das leis. Se alguém, sendo o supremo guia
do Estado, não se inclina pelas decisões
melhores e, ao contrário, por algum receio   205
mantém cerrados os seus lábios, considero-o
e sempre o considerarei a mais ignóbil
das criaturas; e se qualquer um tiver
mais consideração por um de seus amigos
que pela pátria, esse homem eu desprezarei.   210
Pois eu — e seja testemunha o grande Zeus
onividente — não me calaria vendo
em vez da segurança a ruína dominar
o povo, e nunca trataria os inimigos
de minha terra como se fossem amigos.   215
A salvação de Tebas é também a nossa,
em minha opinião; se navegarmos bem,
com a nau a prumo, não nos faltarão amigos.
Com semelhantes normas manterei intacta
a glória da cidade, e pauta-se por elas   220
o edito que mandei comunicar ao povo
há pouco, relativamente aos filhos de Édipo:
que Etéocles, morto lutando pela pátria,
desça cercado de honras marciais ao túmulo
e leve para o seu repouso eterno tudo   225
que só aos mortos mais ilustres se oferece;
mas ao irmão, quero dizer, a Polinices,
que regressou do exílio para incendiar
a terra de seus pais e até os santuários
dos deuses venerados por seus ascendentes   230
e quis provar o sangue de parentes seus
e escravizá-los, quanto a ele foi ditado
que cidadão algum se atreva a distingui-lo
com ritos fúnebres ou comiseração;

fique insepulto o seu cadáver e o devorem   235
cães e aves carniceiras em nojenta cena.
São estes os meus sentimentos e jamais
concederei aos homens vis maiores honras
que as merecidas tão somente pelos justos.
Só quem quiser o bem de Tebas há de ter   240
a minha estima em vida e mesmo após a morte.

CORIFEU

Assim te apraz, filho de Meneceu, Creonte,
tratar amigos e inimigos desta terra,
e tens poder — eu reconheço — para impor
a lei de tua escolha, seja em relação   245
aos mortos, seja a nós, que ainda estamos vivos.

CREONTE

Cuidai, então, de que se cumpram minhas ordens.

CORIFEU

Dá esse encargo tão pesado a alguém mais jovem.

CREONTE

A guarda do cadáver caberá a outros.

CORIFEU

Qual é, então, a ordem que nos dás ainda?   250

CREONTE

Sede implacáveis com os rebeldes ao edito.

CORIFEU

Ninguém é louco a ponto de buscar a morte.

CREONTE

Seria esta, na verdade, a recompensa.
A expectativa de vantagens, todavia,
levou inúmeros mortais à perdição.   255

> *Entra um* GUARDA *em atitude hesitante.*

GUARDA

> *Dirigindo-se a* CREONTE.

Não vou dizer, senhor, que chego assim sem fôlego[11]
por apressar meus pés para ser mais veloz.
Meus pensamentos muitas vezes me fizeram
parar, dar meia-volta em minha caminhada.
Minha alma muitas vezes me falou assim: 260
"Pobre de ti! Por que te apressas a chegar
"aonde a punição te espera, inevitável?
"Coitado! Atrasas-te de novo? E se Creonte
"souber por outro não irás também sofrer?"
Nesse debate eu percorria meu caminho   265
com passos indecisos, de maneira tal
que nunca mais a curta estrada se acabava.
Mas finalmente decidi que deveria
chegar a ti; e embora eu quase nada saiba,
ainda assim estou aqui para falar,   270
pois a se confirmarem minhas esperanças
somente sofrerei o que for meu destino.

CREONTE

Quais os motivos desse teu abatimento?

GUARDA

Falar-te-ei primeiro do que me interessa;
eu nada fiz, nem sei quem praticou a ação;   275
qualquer castigo para mim seria injusto.

CREONTE

És maneiroso em teus rodeios defensivos;
demonstras que me vais dizer algo de novo.

GUARDA

Vacila-se antes de dizer coisas terríveis...

CREONTE

Por que não falas, afinal, e vais embora?   280

GUARDA

Então eu vou falar! O morto... alguém há pouco
o sepultou e foi-se embora; apenas pôs
alguma terra seca recobrindo as carnes
e praticou deveres outros de piedade.

CREONTE

Que dizes? Quem? Que homem se atreveu a tanto?   285

GUARDA

Não sei. Não conseguimos ver marcas de pás,
nem sulcos feitos por enxada; o chão estava
bem liso, duro e seco, sem sinais de rodas;
o autor da ação é desses que não deixam pistas.
Quando o vigia da manhã nos alertou   290
para o acontecido, uma surpresa triste
tomou conta de nós; não víamos o morto,
embora ele não estivesse bem sepulto,
pois era muito pouca a terra que o cobria,
como se fosse posta pela mão de alguém   295
querendo apenas evitar um sacrilégio.
E não havia em volta rastro algum à vista,
nem de animal selvagem, nem de um cão qualquer
que houvesse vindo até o cadáver e o movesse.
Então brotaram entre nós palavras ásperas   300
de sentinelas acusando sentinelas.
Até a brigas nós teríamos chegado
sem que os presentes impedissem; um por um,
todos nos acusamos uns depois dos outros,
mas afinal a culpa não foi apurada,   305
pois nada fora percebido por ninguém.

Já íamos pegar com as mãos ferros em brasa,[12]
atravessar o fogo aceso e pelos deuses
jurar convictos que não éramos autores
nem cúmplices na trama ou na realização.   310
Por fim, depois de nossas investigações
terem falhado, um guarda se manifestou,
fazendo-nos baixar o rosto para o chão,
apavorados, pois não nos abalançávamos
a contestá-lo e víamos que era impossível   315
fugir a uma desgraça se lhe obedecêssemos;
ele nos disse que era nossa obrigação
comunicar-te o fato imediatamente
e não pensar em ocultá-lo; a sugestão
foi logo aceita e no sorteio — ai!, ai de mim! —   320
me coube o prêmio de trazer-te a novidade.
E estou aqui, contra teu gosto e contra o meu,
pois ninguém aprecia quem dá más notícias.

CORIFEU

Meu coração, senhor, indaga há muito tempo
se esse acontecimento não se deve aos deuses.   325

CREONTE

Cala-te logo, antes que cresça minha cólera
com tua fala, salvo se queres mostrar
senilidade e insensatez ao mesmo tempo.
É insuportável escutar-te quando dizes
que os deuses podem ter cuidado do cadáver.   330
Seria por inusitada recompensa
a um benfeitor que lhe dariam sepultura,
a ele, que chegou para queimar seus templos
cercados de colinas e os tesouros sacros
e para aniquilar a sua terra e leis?   335
Ou vês os deuses distinguirem criminosos?
Jamais! Desde o princípio havia na cidade
homens que murmuravam coisas desse gênero
e meneavam a cabeça contra mim
secretamente; relutavam em curvar-se   340
e, como súditos, dar a cerviz ao jugo.
Sei muito bem que os guardas foram corrompidos

e subornados para agir assim por eles.
Nunca entre os homens floresceu uma invenção
pior que o ouro; até cidades ele arrasa,   345
afasta os homens de seus lares, arrebata
e impele almas honestas às ações mais torpes
e incita ainda os homens ao aviltamento,
à impiedade em tudo. Mas, quem age assim
por interesse, um dia paga o justo preço.   350

Voltando-se para o GUARDA.

Se a Zeus ainda agrada a minha reverência,
escuta e dize aos outros guardas: juro agora
que se não descobrirdes o real autor
desse sepultamento e não o conduzirdes
à frente de meus olhos, simplesmente a morte   355
não há de ser pena bastante para vós;
sereis dependurados todos, inda vivos,
até que alguém confesse o crime! Sabereis
de quem é vantajoso receber dinheiro
de hoje em diante e aprendereis ao mesmo tempo   360
que não é bom querer ganhar de qualquer modo;
vereis que o lucro desonesto leva os homens
com mais frequência à ruína que à prosperidade!

GUARDA

Permites que se fale, ou devo simplesmente
dar meia-volta e retirar-me neste instante?   365

CREONTE

Não vês o quanto a tua voz me ofende agora?

GUARDA

É nos ouvidos ou na alma que ela dói?

CREONTE

Por que te esmeras em saber onde é a dor?

GUARDA

O autor te fere o coração; eu, os ouvidos.

CREONTE

É... Nota-se que és bem-falante de nascença.   370

GUARDA

Talvez, mas esse feito eu não praticaria.

CREONTE

Fizeste mais: vendeste a alma por dinheiro!

GUARDA

Ah! é terrível quando, embora preparado
para ser bom juiz, um homem julga mal!...

CREONTE

Diverte-te com teu brilhante julgamento,   375
mas, se não descobrirdes, tu e teus colegas,
o autor do feito, acabareis por convencer-vos
de que somente mágoas traz o ganho ilícito!

CREONTE retorna ao palácio.

GUARDA

Será melhor, então, achá-lo sem demora.
Mas, seja ele descoberto ou não — a sorte   380
é que vai decidir — indubitavelmente
não me verás de novo aqui; se desta vez
me salvo, contra a minha expectativa e crença,
é meu dever agradecer, e muito, aos deuses!

O Guarda *afasta-se precipitadamente.*

Coro

Há muitas maravilhas, mas nenhuma[13]   385
é tão maravilhosa quanto o homem.
Ele atravessa, ousado, o mar grisalho,
impulsionado pelo vento sul
tempestuoso, indiferente às vagas
enormes na iminência de abismá-lo;   390
e exaure a terra eterna, infatigável,
deusa suprema, abrindo-a com o arado
em sua ida e volta, ano após ano,
auxiliado pela espécie equina.
Ele captura a grei das aves lépidas   395
e as gerações dos animais selvagens:
e prende a fauna dos profundos mares
nas redes envolventes que produz,
homem de engenho e arte inesgotáveis.
Com suas armadilhas ele prende   400
a besta agreste nos caminhos íngremes;
e doma o potro de abundante crina,
pondo-lhe na cerviz o mesmo jugo
que amansa o fero touro das montanhas.
Soube aprender sozinho a usar a fala   405
e o pensamento mais veloz que o vento
e as leis que disciplinam as cidades,
e a proteger-se das nevascas gélidas,
duras de suportar a céu aberto,
e das adversas chuvas fustigantes;   410
ocorrem-lhe recursos para tudo
e nada o surpreende sem amparo;
somente contra a morte clamará
em vão por um socorro, embora saiba
fugir até de males intratáveis.   415
Sutil de certo modo na inventiva
além do que seria de esperar,
e na argúcia, que o desvia às vezes
para a maldade, às vezes para o bem,
se é reverente às leis de sua terra   420
e segue sempre os rumos da justiça
jurada pelos deuses ele eleva

à máxima grandeza a sua pátria.
Nem pátria tem aquele que, ao contrário,
adere temerariamente ao mal;   425
jamais quem age assim seja acolhido
em minha casa e pense igual a mim!

> *Percebendo o* GUARDA, *que volta conduzindo* ANTÍGONA.

Deixa-me pasmo este portento incrível!
Como negar, se a vejo, que esta moça
é a própria Antígona? Ah? Desventurada   430
e filha de desventurado pai
— de Édipo! Que significa isso?
Trazem-te por desprezo às leis reais,
surpreendida em ato tresloucado?

GUARDA

Aqui está a autora da façanha; há pouco   435
pilhamo-la enterrando-o. Onde está Creonte?

CORIFEU

Está voltando do palácio em boa hora.

CREONTE

Que é isso? E por que meu regresso é oportuno?

GUARDA

Nada devia ser jurado pelos homens,
senhor, pois basta refletir para notar   440
que a ideia é enganadora. Eu mesmo prometi
que não havia de voltar tão cedo aqui,
depois de ouvir as tuas duras ameaças
de há pouco, assustadoras; mas, considerando
que as alegrias, quando não as esperamos   445
nos dão maior contentamento, retornei,

embora contrariando um juramento meu,
trazendo esta donzela, que surpreendemos
cuidando de finalizar o funeral.
Não houve, desta vez, sorteio. Não! A mim   450
e a mais ninguém foi concedida esta ventura.
Agora podes segurá-la, interrogá-la,
julgá-la, meu senhor, tu mesmo, como queiras.
E quanto a mim, tenho o direito de estar livre
das confusões que antes me assustaram tanto.   455

CREONTE

Onde prendeste, e como, esta que vens trazendo?

GUARDA

Ela enterrava o homem: sabes tudo agora.

CREONTE

Percebes o que dizes? Falas com certeza?

GUARDA

Vi-a quando, apesar de tua proibição,
cuidava ainda de enterrar melhor o morto.   460
São claras e evidentes as minhas palavras?

CREONTE

E como a viram e pilharam em delito?

GUARDA

O fato aconteceu assim: quando voltamos,
com aquelas tuas ameaças horrorosas
pesando sobre nós, tiramos toda a terra   465
que recobria o corpo e cuidadosamente
despimos o cadáver meio decomposto;
então nós nos sentamos no alto da colina,

tendo a favor o vento para que o fedor
não viesse contra nós. Estava cada um 470
bem acordado e se esforçava por manter
alerta o seu vizinho com descomposturas,
se alguém se descuidava da tarefa dura.
Assim passou o tempo até que o sol brilhante
chegou a meio céu em sua caminhada 475
e começou a nos queimar com seu calor;
nesse momento um vento repentino e forte
soprou em turbilhão — celeste turbulência —
pela campina toda, desfolhando as árvores
das redondezas. O ar em volta escureceu 480
e para suportar o flagelo divino
tivemos de fechar os olhos. Ao cessar
aquilo, muito tempo após, vimos a moça;
ela gritava agudamente, como um pássaro
amargurado ao ver deserto o caro ninho, 485
sem suas crias. Ela, vendo o corpo nu,
gemendo proferiu terríveis maldições
contra quem cometera a ação; amontoou
com as mãos, de novo, a terra seca e levantando
um gracioso jarro brônzeo derramou 490
sobre o cadáver abundante libação.
Corremos quando vimos aquele espetáculo
e todos juntos seguramo-la, mas ela
não demonstrou estar com medo; então pusemo-nos
a interrogá-la sobre o seu procedimento 495
passado e atual; para alegria minha,
e dó ao mesmo tempo, ela nada negou.
É bom livrarmo-nos de males mas é triste
lançar amigos nossos na infelicidade.
Mas, isso tudo para mim neste momento 500
importa menos do que a minha salvação.

Após alguns instantes de silêncio geral.

Tu, então, que baixas o rosto para o chão,
confirmas a autoria desse feito, ou negas?

ANTÍGONA

Fui eu a autora; digo e nunca negaria.

CREONTE

Dirigindo-se ao GUARDA.

Já podes ir na direção que te aprouver,   505
aliviado e livre de suspeita grave.

Sai o GUARDA. CREONTE dirige-se a ANTÍGONA.

Agora, dize rápida e concisamente:
sabias que um edito proibia aquilo?

ANTÍGONA

Sabia. Como ignoraria? Era notório.

CREONTE

E te atreveste a desobedecer às leis?   510

ANTÍGONA

Mas Zeus não foi o arauto delas para mim,
nem essas leis são as ditadas entre os homens
pela Justiça, companheira de morada
dos deuses infernais; e não me pareceu
que tuas determinações tivessem força   515
para impor aos mortais até a obrigação
de transgredir normas divinas, não escritas,
inevitáveis; não é de hoje, não é de ontem,
é desde os tempos mais remotos que elas vigem,
sem que ninguém possa dizer quando surgiram.   520
E não seria por temer homem algum,
nem o mais arrogante, que me arriscaria
a ser punida pelos deuses por violá-las.
Eu já sabia que teria de morrer
(e como não?) antes até de o proclamares,   525
mas, se me leva a morte prematuramente,
digo que para mim só há vantagem nisso.
Assim, cercada de infortúnios como vivo,
a morte não seria então uma vantagem?
Por isso, prever o destino que me espera   530

é uma dor sem importância. Se tivesse
de consentir em que ao cadáver de um dos filhos
de minha mãe fosse negada a sepultura,
então eu sofreria, mas não sofro agora.
Se te pareço hoje insensata por agir   535
dessa maneira, é como se eu fosse acusada
de insensatez pelo maior dos insensatos.

CORIFEU

Evidencia-se a linhagem da donzela,
indômita, de pai indômito; não cede
nem no momento de enfrentar a adversidade.   540

CREONTE

Dirigindo-se a ANTÍGONA.

Fica sabendo que os espíritos mais duros
dobram-se muitas vezes; o ferro mais sólido,
endurecido e temperado pelo fogo,
é o que se vê partir-se com maior frequência,
despedaçando-se; sei de potros indóceis   545
que são domados por um pequenino freio.
Quem deve obediência ao próximo não pode
ter pensamentos arrogantes como os teus.

Dirigindo-se ao CORO.

Ela já se atrevera, antes, a insolências
ao transgredir as leis apregoadas; hoje,   550
pela segunda vez revela-se insolente:
ufana-se do feito e mostra-se exultante!
Pois homem não serei — ela será o homem! —
se esta vitória lhe couber sem punição!
Embora fosse minha irmã a sua mãe   555
— mais próxima de mim, portanto, pelo sangue,
que todos os parentes meus, fiéis devotos
do grande Zeus no santuário de meu lar —
nem ela nem a irmã conseguirão livrar-se
do mais atroz destino, pois acuso a outra   560
de cúmplice na trama desse funeral.

E chamem-na; via-a lá dentro há pouco tempo;
estava transtornada, como que incapaz
de dirigir a sua mente. Muitas vezes
o íntimo de quem não age retamente,   565
na sombra, indica a traição antes do feito.
Além do mais, odeio quem, pilhado em falta,
procura dar ao crime laivos de heroísmo.

       Saem os guardas para buscar ISMENE.

    ANTÍGONA

Prendeste-me; desejas mais que a minha morte?

    CREONTE

Não quero mais; é tudo quanto pretendia.   570

    ANTÍGONA

Então, por que demoras? Em tuas palavras
não há — e nunca haja! — nada de agradável.
Da mesma forma, as minhas devem ser-te odiosas.
E quanto à glória, poderia haver maior
que dar ao meu irmão um funeral condigno?   575

       Designando o CORO *com um gesto.*

Eles me aprovariam, todos, se o temor
não lhes tolhesse a língua, mas a tirania,
entre outros privilégios, dá o de fazer
e o de dizer sem restrições o que se quer.

    CREONTE

Só tu, entre os tebanos, vês dessa maneira.   580

    ANTÍGONA

Eles também, mas silenciam quando surges.

CREONTE

Não coras por pensar, só tu, diversamente?

ANTÍGONA

Não há vergonha alguma em nos compadecermos
dos que nasceram das entranhas de onde viemos.

CREONTE

E aquele que morreu lutando contra o outro
também não era teu irmão, do mesmo sangue? 585

ANTÍGONA

Do mesmo sangue, de um só pai e uma só mãe.

CREONTE

Por que, então, distingues impiamente o outro?

ANTÍGONA

O morto não confirmará essas palavras.

CREONTE

Confirmará, se a distinção o iguala ao ímpio. 590

ANTÍGONA

Foi como irmão que ele morreu, não como escravo.

CREONTE

Destruindo a cidade; o outro, defendendo-a.

ANTÍGONA

A morte nos impõe as suas próprias leis.

CREONTE

Mas o homem bom não quer ser igualado ao mau.

ANTÍGONA

Quem sabe se isso é consagrado no outro mundo?   595

CREONTE

Nem morto um inimigo passa a ser amigo.

ANTÍGONA

Nasci para compartilhar amor, não ódio.

CREONTE

Se tens de amar, então vai para o outro mundo,
ama os de lá. Não me governará jamais
mulher alguma enquanto eu conservar a vida!   600

Aproxima-se ISMENE, vindo do palácio entre guardas.

CORO

Vejo transpor a porta agora Ismene
chorando lágrimas de irmã e amiga;
paira uma nuvem sobre sua fronte
escurecendo as cores de seu rosto
e umedecendo-lhe a formosa tez.   605

CREONTE

Vamos, tu que, dissimulada como víbora
em minha própria casa, insidiosamente
sugavas o meu sangue, sem que eu percebesse
que alimentava duas pestes e conluios
contra o meu trono, dize-me: confirmarás   610
também a participação naquele enterro,
ou negarás, jurando desconhecimento?

ISMENE

Eu pratiquei a ação, se ela[14] consente nisso;
sou cúmplice no crime e aceito as consequências.

ANTÍGONA

Mas nisso não terás o apoio da justiça,   615
pois nem manifestaste aprovação à ideia
nem eu te permiti participar da ação.

ISMENE

Notando os sofrimentos teus, não me envergonho
de percorrer contigo o mar de tuas dores.

ANTÍGONA

Os mortos sabem quem agiu, e o deus dos mortos;   620
não quero amiga que ama apenas em palavras.

ISMENE

Não me julgues indigna de morrer contigo,
irmã, e honrar o morto com os ritos sagrados.

ANTÍGONA

Não compartilhes minha morte, nem aspires
a feitos que não foram teus; basta que eu morra.   625

ISMENE

Que valerá a vida para mim sem ti?

ANTÍGONA

Com um sorriso sarcástico.

Indaga de Creonte, pois só pensas nele!

ISMENE

Por que me afliges sem proveito para ti?

ANTÍGONA

Se rio e o meu riso te faz sofrer, lastimo.

ISMENE

Como te poderei ser útil, mesmo agora?   630

ANTÍGONA

Salva-te, Ismene. Não te invejo por fugires.

ISMENE

Pobre de mim! Não participo de teu fim?

ANTÍGONA

A tua escolha foi a vida; a minha, a morte.

ISMENE

Mas não ficaram por dizer minhas palavras.

ANTÍGONA

A uns parecerás sensata; a outros, eu.   635

ISMENE

De qualquer modo, nossas faltas são iguais.

ANTÍGONA

Não te preocupes; estás viva, mas minha alma
há tempo já morreu, para que eu sirva aos mortos.

CREONTE

Afirmo que uma destas moças neste instante
nos revelou sua demência; a outra é insana,   640
sabidamente, desde o dia em que nasceu.

ISMENE

É, rei, mas a razão inata em todos nós
está sujeita a mutações nos infelizes.

CREONTE

Isto se deu com a tua, quando preferiste
ser má em companhia de pessoas más.   645

ISMENE

Sem ela, que prazer teria eu na vida?

CREONTE

Não digas "ela"; não existe mais.

ISMENE

Irás matar, então, a noiva de teu filho?

CREONTE

Ele pode lavrar outras terras mais férteis.

ISMENE

Isso não foi o que ele e ela pactuaram.   650

CREONTE

Detesto, para os filhos meus, mulheres más.

ANTÍGONA

Como teu pai te avilta, meu querido Hêmon!

CREONTE

Molestas-me demais com esse casamento!

CORIFEU

Vais mesmo arrebatá-la de teu próprio filho?

CREONTE

A morte impedirá por mim o casamento. 655

CORIFEU

Parece resolvido que ela irá morrer.

CREONTE

Parece a ti e a mim. Não haja mais delongas:
levai-as para dentro, servos! São mulheres
e agora serão confinadas, como as outras.
Além do mais, mesmo as pessoas corajosas 660
tentam fugir se ameaçadas pela morte.

Saem os guardas levando ANTÍGONA *e* ISMENE, CREONTE *permanece em cena, meditativo.*

CORO

Felizes são aqueles cuja vida
transcorre isenta de todos os males,
pois os mortais que um dia têm os lares
desarvorados pelas divindades 665
jamais se livrarão dos infortúnios
por todas as seguidas gerações.
Da mesma forma a vaga intumescida,
soprada pelo vento impetuoso
da Trácia, quando varre o mar profundo 670

revolve em turbilhões a areia negra
e a leva às praias onde a faz bramir
entre gemidos, estrondosamente.
Vejo às antigas infelicidades
da casa dos labdácidas[15] juntarem-se 675
as novas desventuras dos defuntos,
e as gerações mais novas não resgatam
as gerações passadas. Um dos deuses
agarra-se insaciável a elas todas
e as aniquila; não há salvação. 680
O pálido lampejo de esperança
que sobre o último rebento de Édipo
surgira, esvai-se agora na poeira
dos deuses infernais, ensanguentada
pelo arrebatamento das palavras 685
e por corações cheios de furor.
Que orgulho humano, Zeus, será capaz
de opor limites ao poder só teu,
que nem o Sono precursor do fim
de todos vence, nem o perpassar 690
infatigável do tempo divino?[16]
Governas o fulgor maravilhoso
do Olimpo como soberano único,
imune ao tempo que envelhece tudo.
E no porvir, tal como no passado 695
a lei para os mortais será mantida:
nada haverá de realmente grande
em suas vidas sem desgraças juntas.
É um conforto para muitos homens
a instável esperança; para outros 700
é uma ilusão de seus desejos frívolos
insinuando-se junto aos ingênuos
até que aos pés lhes chegue o fogo ardente.
Pois com sabedoria alguém falou
as célebres palavras: "cedo ou tarde, 705
o mal parecerá um bem àquele
que os deuses resolveram desgraçar".
E são momentos poucos e fugazes
os que ele vive livre da desdita.

Aproxima-se HÊMON.

Mas, Hêmon vem aí, o filho teu   710
mais novo; estará ele angustiado
com o fim de sua prometida, Antígona,
e amargurado com as frustradas núpcias?

CREONTE

Já saberemos, e melhor que por profetas.
Ficaste enraivecido com teu pai, meu filho,   715
quando soubeste da sentença irrevogável
imposta à tua noiva? Ou somos sempre amigos,
seja qual for minha atitude quanto a ti?

HÊMON

Sou teu, meu pai. Com teus conselhos úteis traças
minha conduta certa; casamento algum   720
me importa mais que tua reta orientação.

CREONTE

Deve ser esta, justamente, a diretriz
inquebrantável de teu coração, meu filho:
ser dócil à vontade de teu pai em tudo.
Desejam para isso os homens em seus lares   725
crianças obedientes que eles engendraram
para mais tarde devolver aos inimigos
dos pais o mal que lhes fizeram, e também
honrar, como seus pais honraram, os amigos.
Mas, de quem teve apenas filhos imprestáveis,   730
só poderíamos dizer que semeou
muitos motivos de aflição para si mesmo
e muitas gargalhadas para os inimigos.
Jamais deves perder o senso, filho meu,
pela volúpia de prazeres, por mulheres,   735
ciente de que tal satisfação esfria
quando a mulher com quem convives é perversa.
Existirá, então, ferida mais pungente
que uma esposa má? Deves repudiá-la
como inimiga; deixa a moça desposar   740
alguém lá no outro mundo. Já que a surpreendi,
só ela na cidade toda, em ostensiva

oposição às minhas ordens, não serei
um mentiroso diante da cidade: mato-a!
Que invoque Zeus, o protetor do parentesco,   745
se lhe aprouver. Se eu for criar parentes meus
na desobediência, inevitavelmente
hei de enfrentá-la com maior razão nos outros.
Aquele que na própria casa é cumpridor
de seus deveres, mostrar-se-á também correto   750
em relação ao seu país. Se alguém transgride
as leis e as violenta, ou julga ser capaz
de as impingir aos detentores do poder,
não ouvirá em tempo algum meus elogios;
muito ao contrário, aquele que entre os homens todos   755
for escolhido por seu povo, deve ser
obedecido em tudo, nas pequenas coisas,
nas coisas justas e nas que lhe são opostas.
Estou seguro de que esse homem obediente
será bom governante como foi bom súdito   760
e na tormenta das batalhas ficará
firme no posto, agindo como companheiro
bravo e leal. Mas a anarquia é o mal pior;
é perdição para a cidade e faz desertos
onde existiam lares; ela é causadora   765
de defecções entre as fileiras aliadas,
levando-as à derrota. A submissão, porém,
é a salvação da maioria bem mandada.
Devemos apoiar, portanto, a boa ordem,
não permitindo que nos vença uma mulher.   770
Se fosse inevitável, mal menor seria
cair vencido por um homem, escapando
à triste fama de mais fraco que as mulheres!

CORIFEU

Só o tempo já vivido não nos deixa errar,
tuas palavras nos parecem bem faladas.   775

HÊMON

Os deuses, pai, implantam no homem a razão
— o bem maior de todos. Se falaste certo
acerca dessas coisas, não posso dizer

(jamais em minha vida eu seja capaz disso!).
Mas outros também podem ter boas ideias. 780
É meu dever notar por ti, naturalmente,
tudo que os outros dizem, fazem ou censuram,
pois o teu cenho inspirador de medo impede
os homens simples de pronunciar palavras
que firam teus ouvidos. Eu, porém, na sombra, 785
ouço o murmúrio, escuto as queixas da cidade
por causa dessa moça: "Nenhuma mulher",
comentam, "mereceu jamais menos que ela
"essa condenação — nenhuma, em tempo algum,
"terá por feitos tão gloriosos quanto os dela 790
"sofrido morte mais ignóbil; ela que,
"quando em sangrento embate seu irmão morreu
"não o deixou sem sepultura, para pasto
"de carniceiros cães ou aves de rapina,
"não merece, ao contrário, um áureo galardão?" 795
Este é o rumor obscuro ouvido pelas ruas.
Com relação a mim, meu pai, nenhum dos bens
é mais precioso que tua satisfação.
Existiria para os filhos ornamento
mais enobrecedor que a fama gloriosa 800
de um pai feliz, ou para um pai a de seus filhos?
Não tenhas, pois, um sentimento só, nem penses
que só tua palavra e mais nenhuma outra
é certa, pois se um homem julga que só ele
é ponderado e sem rival no pensamento 805
e nas palavras, em seu íntimo é um fútil.
Não há vergonha alguma, mesmo sendo sábio,
em aprender cada vez mais, sem presunções.
Não vês, ao lado das torrentes engrossadas
pelas tormentas, como as árvores flexíveis 810
salvam-se inteiras, e as que não podem dobrar-se
são arrancadas com a raiz? Da mesma forma,
aquele que mantém as cordas do velame
sempre esticadas, sem às vezes afrouxá-las,
faz emborcar a nau e finaliza a viagem 815
com a quilha para cima. Exorto-te: recua
em tua ira e deixa-te mudar! E se eu,
embora jovem, posso dar-te opiniões,
afirmo que nos homens o ideal seria
nascer já saturados de toda a ciência, 820

mas, se não é assim, devemos aprender
com qualquer um que fale para nosso bem.

CORIFEU

Convém, senhor, que aprendas com as palavras dele
se há nelas algo de oportuno; e tu, também,
com as de teu pai; falaram bem ambos os lados.   825

CREONTE

Posso, na minha idade, receber lições
de sensatez de alguém da natureza dele?

HÊMON

Se houver razões. Sou jovem? Olha mais, então,
para os meus atos que para os meus poucos anos.

CREONTE

Crês que exaltar rebeldes é ato louvável?   830

HÊMON

Eu não te exortaria a respeitar os maus.

CREONTE

E por acaso ela não sofre desse mal?

HÊMON

Não falam deste modo os cidadãos de Tebas.

CREONTE

Dita a cidade as ordens que me cabe dar?

HÊMON

Falaste como se fosses jovem demais!   835

CREONTE

Devo mandar em Tebas com a vontade alheia?

HÊMON

Não há cidade que pertença a um homem só.

CREONTE

Não devem as cidades ser de quem as rege?

HÊMON

Só, mandarias bem apenas num deserto.

CREONTE

Dirigindo-se ao CORO.

Ele parece um aliado da mulher!   840

HÊMON

Se és mulher, pois meus cuidados são contigo.

CREONTE

Discutes com teu pai, pior das criaturas?

HÊMON

Porque agindo assim ofendes a justiça.

CREONTE

Ofendo-a por impor respeito ao meu poder?

HÊMON

Tu mesmo o desrespeitas ultrajando os deuses.   845

CREONTE

Caráter sórdido, submisso a uma mulher!

HÊMON

Não me verás submisso diante de baixezas!

CREONTE

A tua fala toda, ao menos, é por ela!

HÊMON

Por ti, por mim e pelos deuses dos finados!

CREONTE

Jamais te casarás com ela ainda viva!   850

HÊMON

Pois ela morrerá levando alguém na morte!

CREONTE

O atrevimento leva-te a tais ameaças?

HÊMON

É atrevimento refutar ideias vãs?

CREONTE

Chorando aprenderás que vão é o teu saber!

HÊMON

Queres falar apenas, sem ouvir respostas?   855

CREONTE

Não tagareles tanto, escravo de mulher!

HÊMON

Não fosses tu meu pai, dir-te-ia um insensato!

CREONTE

Isto é verdade? Pelos céus, fica sabendo:
essas censuras torpes não te alegrarão!

Dirigindo-se a um servo.

Vai já buscar essa mulher insuportável   860
para que morra logo ao lado de seu noivo
aqui presente, diante de seus próprios olhos!

HÊMON

Não deves esperar que ela morra ao meu lado
(nem penses nisto!), nem me verás nunca mais.
Guarda essa fúria para teus dóceis amigos!   865

HÊMON sai precipitadamente.

CORIFEU

A cólera, senhor, levou-o em disparada.
A mente aflita é perigosa nesta idade.

CREONTE

Pode ele praticar em sua retirada
ações além da força humana, ou meditá-las;
não salvará de seu destino as duas moças!   870

CORIFEU

Pretendes realmente exterminar as duas?

CREONTE

A que não o tocou não morre. Lembras bem.

CORIFEU

Já decidiste como há de morrer a outra?

CREONTE

Levando-a por deserta estrada hei de enterrá-la
numa caverna pedregosa, ainda viva,   875
deixando-lhe tanto alimento quanto baste
para evitar um sacrilégio; não desejo
ver a cidade maculada. Lá, em prece
ao deus dos mortos — único que ela venera —
talvez obtenha a graça de não perecer,   880
ou finalmente aprenderá, embora tarde,
que cultuar os mortos é labor perdido.

CORO

Amor, invicto no combate, Amor
dissipador de todas as riquezas,
que após vaguear nos mares e em recônditos   885
esconderijos afinal repousas
no doce rosto das moças em flor!
Nenhum dos imortais pode evitar-te
nenhum dos homens de existência efêmera;
e perde logo o senso quem te encontra.   890
Até os justos forças à injustiça,
desnorteando-lhe o pensamento,
e levas a essas lutas pais e filhos.
Venceu o claro olhar da noiva bela,
inspirador desse desejo igual   895
às majestosas leis da natureza,
joguete de Afrodite irresistível.

Aparece ANTÍGONA, conduzida por guardas.

Mas eu, diante do que vejo agora,
sinto que as leis também não me refreiam

e não consigo reprimir as lágrimas   900
ao vislumbrar Antígona marchando
para esse leito onde se acaba tudo.

Antígona

Concidadãos de minha pátria, vêde-me
seguindo o meu caminho derradeiro,
olhando o último clarão do sol,   905
que nunca, nunca mais contemplarei.
O deus dos mortos,[17] que adormece a todos,
leva-me viva para os seus domínios[18]
sem que alguém cante o himeneu por mim,
sem que na alcova nupcial me acolha   910
um hino; caso-me com o negro inferno.

Coro

Mas partes para o mundo tenebroso
dos mortos gloriosa e exalçada,
sem que as doenças aniquiladoras
te houvessem atingido, sem que as armas   915
mortíferas ferissem o teu corpo;
é por tua vontade e decisão
que tu, apenas tu entre os mortais,
descerás viva à região das sombras.

Antígona

Falaram-me de uma estrangeira, há muito,   920
filha de Tântalo,[19] da terra frígia,
e de seu triste fim no alto do Sípilo,[20]
aprisionada por muitos rochedos
que em volta dela, como hera tenaz
cresciam sempre; e ainda hoje contam   925
que a chuva não cessava de molhar-lhe
o corpo agonizante, nem a neve,
enquanto as lágrimas que lhe desciam
dos olhos orvalhavam o seu colo.
Prepara-me o destino enterro igual.   930

Coro

Ela era deusa, nascida de deuses,

e nós, mortais, nascidos de mortais,
Será, porém, honroso para ti,
que agora chegas ao momento extremo,
dizerem que o destino te igualou 935
aos deuses, viva e mesmo após a morte.

ANTÍGONA

Ah! Vosso escárnio já me está ferindo!
Pergunto, pelos deuses padroeiros:
por que não esperais que eu seja morta
e me insultais assim perante todos? 940
Minha cidade! Povo afortunado
de minha terra! Tu, fonte Dirceia,[21]
e chão sagrada da guerreira Tebas!
Ao menos como testemunhas tomo-vos
para que todos vejam de que modo, 945
sem ser sequer chorada por amigos,
e condenada por que leis eu vou
para esse cárcere todo de pedras
que será meu insólito sepulcro!
Como serei desventurada ali, 950
nem pertencendo aos vivos, nem aos mortos!

CORO

Tu te lançaste aos últimos extremos
de atrevimento e te precipitaste
de encontro ao trono onde a justiça excelsa 955
tem sede, minha filha; pode ser
que na presente provação expies
pecados cometidos por teu pai.

ANTÍGONA

Trouxeste-me à memória o mais pungente
dos fatos — o destino de meu pai,
três vezes manifesto,[22] o de nós todos, 960
labdácidas famosos. Ah! Horrores
do tálamo materno! Ah! Teus abraços
incestuosos, minha mãe, com o pai
de quem nasci! Como sou infeliz!

E para eles vou assim, maldita,   965
sem ter chegado às bodas! Meu irmão
infortunado! Que união a nossa!
Transformas-me, morrendo, em morta viva!

Coro

Inspiram piedade atos piedosos
mas o poder, para seus detentores,
não se sujeita a transgressão alguma;   970
perdeu-te a tua índole indomável.

Antígona

Sem que me chorem, sem amigo algum,
sem cantos de himeneu sou arrastada
— pobre de mim! — por sôfrego caminho!
Para desgraça minha nunca mais   975
poderei ver a santa luz do sol!
E dos amigos nem um só lamenta
esse meu doloroso fim sem lágrimas!

Reaparece Creonte.

Creonte

Aos guardas que conduzem Antígona.

Acaso não sabeis que hinos e lamúrias
na hora de morrer jamais acabariam   980
se houvesse o mínimo proveito em entoá-los?
Ides, ou não, levá-la imediatamente?
E quando a houverdes encerrado, como eu disse,
em sua cavernosa sepultura, só,
abandonada para, se quiser, morrer   985
ou enterrar-se ainda viva em tal abrigo,
estarão puras nossas mãos: não tocarão
nesta donzela. Mas há uma coisa certa:
ela será privada para todo o sempre
da convivência com habitantes deste mundo.   990

Antígona

Túmulo, alcova nupcial, prisão eterna,
cova profunda para a qual estou seguindo,
em direção aos meus que a morte[23] muitas vezes
já acolheu entre os finados! Eu, a última   995
e sem comparação a mais desventurada,
vou para lá, antes de haver chegado ao termo
de minha vida! Mas uma esperança eu tenho:
meu pai há de gostar de ver-me, e tu também
gostarás muito, minha mãe, e gostarás   1000
também, irmão querido, pois quando morreste
lavei-te e te vesti com minhas próprias mãos
e sobre tua sepultura eu espargi
as santas libações. E agora, Polinices,
somente por querer cuidar de teu cadáver   1005
dão-me esta recompensa! Mas na opinião
da gente de bom senso todo o meu cuidado
foi justo. Sim! Se houvera sido mãe de filhos,
ou se o esposo morto apodrecesse exposto,
jamais enfrentaria eu tamanhas penas   1010
tendo de opor-me a todos os concidadãos![24]
Que leis me fazem pronunciar estas palavras?
Fosse eu casada e meu esposo falecesse,
bem poderia encontrar outro, e de outro esposo
teria um filho se antes eu perdesse algum;   1015
mas, morta minha mãe, morto meu pai, jamais
outro irmão meu viria ao mundo. Obedeci
a essas leis quando te honrei mais que a ninguém.
Creonte acha, porém, que errei, que fui rebelde,
irmão querido! Assim ele me leva agora,   1020
cativa em suas mãos; um leito nupcial
jamais terei, nem ouvirei hinos de bodas,
nem sentirei as alegrias conjugais,
nem filhos amamentarei; hoje, sozinha,
sem um amigo, parto — ai! infeliz de mim! —   1025
ainda viva para onde os mortos moram!
Que mandamentos transgredi das divindades?
De que me valerá — pobre de mim! — erguer
ainda os olhos para os deuses? Que aliado
ainda invocarei se, por ser piedosa,   1030
acusam-me de impiedade? Se isso agrada

aos deuses me conformo, embora sofra muito,
com minha culpa, mas se os outros são culpados,
que provem penas pelo menos tão pesadas
quanto as que injustamente me impuseram hoje!   1035

CORIFEU

De novo os mesmos ventos violentos
vêm vergastar-lhe a alma com seu sopro.

CREONTE

Seus condutores hão de arrepender-se,
então, por demorarem a levá-la!

ANTÍGONA

Ai! Ai de mim! Depois destas palavras   1040
sinto-me ainda mais perto da morte!

CREONTE

Não posso acalentar-te com a ilusão
de que não será esse o desenlace.

ANTÍGONA

Cidade de meus pais, solo de Tebas
e deuses ancestrais de nossa raça!   1045
Levam-me agora, não hesitam mais!
Vede-me, ilustres próceres de Tebas
— a última princesa que restava —,
as minhas penas e quem as impõe
apenas por meu culto à piedade!   1050

Sai ANTÍGONA, *levada pelos guardas.*

CORO

Desdita igual sofreu Dânae formosa,[25]
forçada a permutar a luz celeste
por brônzeo calabouço; numa alcova

prenderam-na, secreta como um túmulo.
E sua estirpe, filha — minha filha! —   1055
era das mais ilustres e a semente
de Zeus, que lhe viera em áurea chuva,
ela guardava e nela germinava.
A força do destino, todavia,
é formidável; as riquezas, guerras,   1060
muralhas, negras naus, não lhe resistem.
Grilhões dominaram o fogoso filho
de Drias,[26] soberano dos edônios;
ele pagou, assim, por seus insultos
frenéticos quando foi dominado   1065
e preso por Diôniso num cárcere
de pedras; lá, sua arrogância estúpida
aos poucos consumiu-se na loucura.
Ele aprendeu a conhecer o deus
que num delírio insano provocara   1070
com a insolência de suas palavras,
quando quis extinguir o furor sacro
das moças possuídas pelo deus[27]
e o fogo dionisíaco, irritando
as Musas, admiradoras das flautas.   1075
E junto às fundas águas Cianeias[28]
dos mares gêmeos, nas praias do Bósforo,
na direção do Salmideso[29] trácio,
Ares, vizinho da cidade, viu
ambos os filhos de Fineu[30] feridos   1080
por golpe infame da feroz mulher
que os tornou cegos; ela, por vingança,
arrancou-lhes das órbitas os olhos
com as próprias mãos sangrentas, empunhando,
em vez de facas, finas lançadeiras.   1085
Choravam na agonia os malsinados
a triste sina de terem nascido
de mal casada mãe, cuja linhagem
recuava todavia aos Erecteidas[31]
de nobre raça; em cavernas remotas   1090
criara-se enfrentando as tempestades
de Bóreas, seu pai, correndo rápida
como um corcel pelas altas montanhas,
essa filha de deuses; mas as Parcas
eternas também a feriram, filha.   1095

Entra TIRÉSIAS, guiado por um menino.

TIRÉSIAS

Agitado.

Nosso caminho foi um só, chefes de Tebas,
dois vendo pelos olhos de um, pois quem é cego
precisa, para caminhar, de alguém que o guie.

CREONTE

Então, velho Tirésias, quais as novidades?

TIRÉSIAS

Já vou dizê-las; quanto a ti, crê no profeta.   1100

CREONTE

Nunca fui desatento às tuas advertências.

TIRÉSIAS

Por isso tens guiado bem esta cidade.

CREONTE

A minha experiência atesta esse proveito.

TIRÉSIAS

Ouve: de novo está pendente a tua sorte.

CREONTE

Que há? Tuas palavras fazem-me tremer.   1105

TIRÉSIAS

Pelos indícios, que ouvirás, de minha arte,
já saberás. Estava eu no antigo assento

profético onde as aves todas se reúnem
dentro do alcance dos sentidos que me restam,
quando um clamor confuso ouvi de aves estrídulas   1110
gritando maus presságios ininteligíveis.
E deduzi que umas às outras se feriam
com as garras, mortalmente (o estrépito das asas
não me deixava dúvidas). De imediato
tentei, amedrontado, recorrer ao fogo   1115
em flamejante altar, ansioso por augúrios;
das vítimas, porém, não se elevavam chamas:
liquefazia-se a gordura sobreposta
às coxas e molhava as brasas crepitantes,
de onde saía só desagradável fumo;   1120
o fel se evaporava, os ossos descobriam-se
nas coxas, encharcadas por muita gordura.
Assim fiquei sabendo por este menino,
que nos rituais divinatórios os presságios
não se manifestavam, pois ele é meu guia   1125
como eu sou guia de outros. E é por tua causa,
por tuas decisões, que está enferma Tebas.
Nossos altares todos e o fogo sagrado
estão poluídos por carniça do cadáver
do desditoso filho de Édipo, espalhada   1130
pelas aves e pelos cães; por isso os deuses
já não escutam nossas preces nem aceitam
os nossos sacrifícios, nem sequer as chamas
das coxas; nem os pássaros dão sinais claros
com seus gritos estrídulos, pois já provaram   1135
gordura e sangue de homem podre. Pensa, então,
em tudo isso, filho. Os homens todos erram
mas quem comete um erro não é insensato,
nem sofre pelo mal que fez, se o remedia
em vez de preferir mostrar-se inabalável;   1140
de fato, a intransigência leva à estupidez.
Cede ao defunto, então! Não firas um cadáver!
Matar de novo um morto é prova de coragem?
Pensei só no teu bem e é por teu bem que falo.
Convém ouvir a fala do bom conselheiro   1145
se seus conselhos são para nosso proveito.

CREONTE

Tu, ancião, e todos vós, fazeis-me o alvo

de vossas flechas, como arqueiros; não me poupa
também, agora, o teu poder divinatório.
Há muito tempo a tua confraria explora-me   1150
e faz de mim o seu negócio; prossegui,
lucrai; negociai, se for vossa vontade,
o electro lá de Sardes[32] ou da Índia o ouro,
mas aquele cadáver não enterrareis;
nem se quiserem as próprias águias de Zeus   1155
levar pedaços de carniça até seu trono,
nem mesmo por temor de tal profanação
concordaria eu com o funeral, pois sei
que homem nenhum consegue profanar os deuses.
Mostram sua vileza os homens mais astutos,   1160
velho Tirésias, ao tentar dissimular
pensamentos indignos com belas palavras,
preocupados tão somente com mais lucros.

Tirésias

Ah! Saberá alguém, ou imaginará...

Creonte

Que dizes? Falas como se todos soubéssemos.   1165

Tirésias

...que o bom conselho é a riqueza mais preciosa?

Creonte

Tal como, penso eu, a insânia é o mal pior.

Tirésias

Estás enfermo, e gravemente, desse mal.

Creonte

Para não insultar um adivinho, calo-me.

TIRÉSIAS

Mas, já disseste que menti nos vaticínios. 1170

CREONTE

Por ser gananciosa a raça dos profetas.

TIRÉSIAS

E a dos tiranos ama só o ganho sórdido.

CREONTE

Sabes que estás falando com teu próprio rei?

TIRÉSIAS

Sei, pois graças a mim salvaste esta cidade.

CREONTE

És sábio, mas também amigo da injustiça. 1175

TIRÉSIAS

Forças-me a revelar coisas ocultas na alma.

CREONTE

Revela, mas não lucrarás com tua fala.

TIRÉSIAS

Na parte que te cabe, também penso assim.

CREONTE

Pois não barganharás com a minha decisão!

TIRÉSIAS

Então fica sabendo, e bem, que não verás   1180
o rápido carro do sol dar muitas voltas
antes de ofereceres um parente morto
como resgate certo de mais gente morta,
pois tu lançaste às profundezas um ser vivo
e ignobilmente o sepultaste, enquanto aqui   1185
reténs um morto sem exéquias, insepulto,
negado aos deuses ínferos. Não tens, nem tu,
nem mesmo os deuses das alturas, tal direito;
isso é violência tua ousada contra os céus!
Estão por isso à tua espreita as vingativas,   1190
terríveis Fúrias dos infernos e dos deuses,
para que sejas vítima dos mesmos males.
Vê bem se é por ganância que digo estas coisas!
Num tempo não muito distante se ouvirão
gemidos de homens e mulheres de teu lar.   1195
Levantam-se como inimigas contra ti
as terras todas cujos numerosos filhos
dilacerados só tiveram funerais
feitos por cães, por feras ou por aves lépidas
que a cada uma das cidades onde tinham   1200
seus lares levaram sacrílegos miasmas.
Já que me provocaste, vou dizer agora:
as flechas dirigidas ao teu coração
fui eu que as disparei em minha indignação,
certeiras como as de um arqueiro experiente;   1205
e da pungência delas não escaparás.

Dirigindo-se ao menino que o trouxera.

Menino, leva-me de volta à nossa casa;
lance ele a sua cólera contra os mais moços,
e aprenda a usar a língua com moderação,
e traga dentro de seu peito sentimentos   1210
melhores que os alardeados neste instante!

Sai TIRÉSIAS, *guiado pelo menino.*

CORIFEU

Senhor, esse homem retirou-se após dizer

terríveis profecias e desde que vi
os meus cabelos, antes negros, alvejarem,
ele jamais previu mentiras à cidade.   1215

CREONTE

Sei disso, eu mesmo, e tenho o coração perplexo.
Ceder é duro, mas só por intransigência
deixar que a cólera me arruine, é também duro.

CORIFEU

Cuidado, Creonte, filho de Meneceu!

CREONTE

Que devo então fazer? Dize e obedecerei.   1220

CORIFEU

Vai à caverna subterrânea e solta a moça.
Para o cadáver insepulto, faze um túmulo.

CREONTE

É o teu conselho? Achas melhor que eu ceda agora?

CORIFEU

E sem demora, rei; a punição divina
caminha por atalhos e com pés velozes   1225
e logo alcança os que praticam más ações.

CREONTE

Pobre de mim! Penosamente renuncio
à minha decisão e passo a proceder
segundo o teu conselho; não insistirei
neste combate vão contra o inevitável.   1230

CORIFEU

Vai já e age! Não incumbas outros disso!

CREONTE

Irei imediatamente. E vós, criados,
marchai. Marchai, presentes e também ausentes,
depressa, até o lugar por todos conhecido,
portando em vossas mãos a ferramenta própria!   1235
Já que mudou de rumo a minha opinião,
irei soltar Antígona, eu que a prendi.
Agora penso que é melhor chegar ao fim
da vida obedecendo às leis inabaláveis.

CORO

Deus de múltiplos nomes, alegria   1240
da virgem Cadmeia,[33] da mesma raça
de Zeus tonitruante, protetor
da Itália gloriosa, tu, que reinas
no fundo vale aonde todos vão,
sacrário de Deméter Eleusínia,[34]   1245
Baco, patrono da cidade-mãe
das Bacantes, de Tebas que se alonga
pelo caminho líquido do Ismeno[35]
sobre a semente do dragão feroz![36]
A tocha inquieta ardendo sobre o monte   1250
de duas pontas viu-te lá por onde
se precipitam as ninfas Corícias,[37]
tuas Bacantes, e a fonte Castália.
Vens das escarpas, recobertas de hera,
dos píncaros de Nisa e das encostas   1255
verdes de vinhas sobrecarregadas
de cachos, e teu nome é celebrado
em cantos imortais quando visitas
as ruas da cidade ilustre — Tebas —,
tão distinguidas por ti mesmo quanto   1260
por tua mãe que um raio fulminou.
E agora, que a cidade e o povo todo
são presas de um flagelo violento,
vem, com teus purificadores pés,

pelas alturas do monte Parnaso   1265
ou cruza, então, o ruidoso passo![38]
Tu, condutor das danças das estrelas
ígneas, maestro das noturnas vozes,
criança de Zeus poderoso, rei,
mostra-te a nós com o séquito das Tíades[39]   1270
de Naxos, que em bailados delirantes,
intermináveis, pela noite adentro
te adoram, Íaco,[40] rei generoso!

Entra o primeiro MENSAGEIRO.

1º MENSAGEIRO

Vós, que morais nas vizinhanças do palácio
de Cadmo e de Anfíon, escutai-me agora: 1275
nenhum sucesso nesta vida pode ser
por muito tempo elogiado ou censurado.
A boa sorte põe de pé, o azar derriba
felizes e infelizes incessantemente
e nem os adivinhos podem confirmar   1280
o que o destino prefixou para os mortais.
Creonte ainda há pouco tempo parecia
digno de inveja em minha própria opinião;
ele salvara um dia de seus inimigos
este solo cadmeu e nele era monarca   1285
incontestado e glorioso pai, também,
de nobres filhos; hoje tudo está perdido.
Quando os mortais não podem mais sentir prazeres
já não os considero criaturas vivas,
mas míseros cadáveres que ainda respiram.   1290
Se queres, amontoa em tua própria casa
riquezas mil e vive com a magnificência
de um rei; mas, se isso não te traz contentamento,
eu não daria nem a sombra da fumaça
por todo o resto, pois não há para os mortais   1295
nada que seja comparável ao prazer.

CORIFEU

Que novos males para nosso rei revelas?

1º Mensageiro

Morreram... E a causa da morte são os vivos.

Corifeu

Mas quem matou? E quem foi morto? Dize logo!

1º Mensageiro

Hêmon morreu; matou-o mão ligada a ele. 1300

Corifeu

A mão paterna? Ou terá sido a dele mesmo?

1º Mensageiro

Foi ele, em fúria contra o crime de seu pai.

Corifeu

Ah! Adivinho! Era verdade o que dizias!

1º Mensageiro

Isso é passado. Cumpre-nos pensar no resto.

Corifeu

Mas, vejo aproximar-se a infeliz Eurídice, 1305
esposa de Creonte; ela vem do palácio
para saber do filho, ou, talvez, por acaso.

Entra Eurídice.

Eurídice

Ouvi vossas palavras, cidadãos presentes,
quando saía para reverenciar
com orações a deusa Palas.[41] No momento 1310

em que os ferrolhos do portão eu recolhia
para poder passar, feriram-me os ouvidos
notícias tristes de tragédia na família;
o susto fez-me recuar, cheia de medo,
e desmaiei nos braços de minhas criadas   1315
Dizei-me novamente qual foi a mensagem;
eu não a ouço como estranha a tais desgraças.

1º MENSAGEIRO

Falar-te-ei na condição de testemunha,
minha cara senhora, e não omitirei
sequer uma palavra da verdade toda.   1320
Por que haveria eu de te agradar agora
se logo os fatos poderiam revelar
minha mentira? É reta a via da verdade.
Segui com teu esposo, como guia, até
a desolada elevação onde jazia   1325
inda por sepultar, impiamente, o corpo
de Polinices, pasto de saciados cães.
À deusa das encruzilhadas e a Plutão[42]
oramos, para suavizar a sua cólera;
lavamos o cadáver com água lustral   1330
e com recém-colhidos galhos em seguida
incineramos aqueles restos mortais;
com a terra onde ele veio ao mundo preparamos
um sepulcro saliente para as suas cinzas.
Encaminhamo-nos depois na direção   1335
do leito nupcial de pedra onde estaria
a noiva prometida à Morte. Inda de longe
ouviu algum dos nossos o som de gemidos
pungentes, vindos daquela estranha alcova
onde não eram celebrados ritos fúnebres;   1340
e quem ouviu veio contar ao rei Creonte.
Quanto mais perto ele chegava do lugar,
mais o envolviam os confusos sons de gritos
doridos, e ele disse entre soluços lúgubres:
"Como sou infeliz! Será que eu adivinho?   1345
"Estarei indo agora pelo mais funesto
"de todos os caminhos jamais percorridos?
"Recebe-me a voz de meu filho? Ide depressa,
"aproximai-vos, servos, e quando chegardes

"à tumba removei a lápide que a fecha, 1350
"passai pela abertura e ide até a entrada
"para verificar se é mesmo a voz de Hêmon
"que escuto, ou se sou enganado pelos deuses!"
Foram cumpridas logo as ordens de nosso senhor
desalentado; no interior do calabouço 1355
vimos pendente a moça, estrangulada em laço
improvisado com seu próprio véu de linho;
Hêmon, cingindo-a num desesperado abraço
estreitamente, lamentava a prometida
que vinha de perder, levada pela morte, 1360
e os atos de seu pai, e as malsinadas núpcias.
Quando este o viu, entre gemidos horrorosos
aproximou-se dele e com a voz compungida
chamou-o: "Ah! Infeliz! Que estás fazendo aí?
"Que ideia te ocorreu? Qual a calamidade 1365
"que assim te faz perder o senso? Sai, meu filho!
"Eu te suplico! Imploro!" O moço, todavia,
olhando-o com expressão feroz, sem responder
cuspiu-lhe em pleno rosto e o atacou sacando
a espada de dois gumes; mas o pai desviou-se 1370
e recuou, fazendo-o errar o golpe; então,
com raiva de si mesmo, o desditoso filho
com todo o peso de seu corpo se deitou
sobre a aguçada espada que lhe traspassou
o próprio flanco; no momento derradeiro 1375
de lucidez, inda enlaçou a virgem morta
num languescente abraço, e em golfadas súbitas
lançou em suas faces lívidas um jato
impetuoso e rubro de abundante sangue.
E jazem lado a lado agora morto e morta, 1380
cumprindo os ritos nupciais — ah! infelizes! —
não nesta vida, mas lá na mansão da Morte,
mostrando aos homens que, dos defeitos humanos,
a irreflexão é incontestavelmente o máximo.

EURÍDICE volta silenciosamente ao palácio.

CORIFEU

Após alguns momentos de silêncio geral.

Que se há de pensar disso? Ela se retirou   1385
sem proferir uma palavra, boa ou má.

1º Mensageiro

Também estou atônito, porém espero
que, diante da notícia acerca de seu filho,
não lhe pareça decoroso lamentar-se
em público e prefira prantear lá dentro,   1390
em seu palácio, o luto familiar com as servas.
Ela não há de ter ficado transtornada
a ponto de cometer algum desatino.

Corifeu

Não sei... Silêncios excessivos me parecem
tão graves quanto o exagerado, inútil pranto.   1395

1º Mensageiro

É, mas entrando no palácio saberemos
se ela não dissimula algum plano secreto
em seu magoado coração. Disseste bem;
pode haver ameaças nos grandes silêncios.

> *Sai o primeiro* Mensageiro. *Entra* Creonte, *trazendo o corpo coberto*
> *de* Hêmon.

Corifeu

Mas, eis ali o próprio rei que chega   1400
trazendo em suas mãos, revelador,
o testemunho não de alheia insânia,
mas de erros que ele mesmo cometeu.

Creonte

Erros cruéis de uma alma desalmada![43]
Vede, mortais, o matador e o morto,   1405
do mesmo sangue! Ai! Infeliz de mim
por minhas decisões irrefletidas!

Ah! Filho meu! Levou-te, inda imaturo,
tão prematura morte — ai! ai de mim! —
por minha irreflexão, não pela tua!   1410

CORIFEU

Como tardaste a distinguir o que era justo!

CREONTE

Ah! Hoje sei quão infeliz eu sou,
mas penso que algum deus, com muita força,
golpeou-me na cabeça e me impeliu
para os caminhos da ferocidade   1415
— pobre de mim! — calcando sob os pés
e destruindo todo o meu prazer!
Ah! Sofrimento dos sofridos homens!

> *Sai do palácio o segundo* MENSAGEIRO, *correndo.*

2º MENSAGEIRO

Quantas desgraças tens de suportar, senhor!
Uma trazes contigo, nos teus próprios braços,   1420
e em tua casa há outra, que logo verás!

CREONTE

Ainda pode haver males piores que este?

2º MENSAGEIRO

Morreu tua mulher, mãe infeliz do morto,
há pouco, vítima de golpe bem recente.

CREONTE

Ah! Boca inexorável dos infernos!   1425
Por que me estás matando? Sim! Por quê?
Tu, mensageiro da calamidade

triste até de narrar, que vais contar-me?
Ai! Ai de mim! Matas um homem morto!
Que dizes, meu rapaz? Que tens ainda   1430
a me falar? Ai! Infeliz de mim!
É o fim sangrento de minha mulher,
caída nesta sucessão de mortes?

> *Abre-se a porta do palácio e aparece o cadáver de* EURÍDICE, *coberto, trazido por criados.*

2º MENSAGEIRO

Ei-la presente; já deixou sua morada.

CREONTE

Ai! Ai de mim! Contemplo neste instante   1435
outra calamidade — é a segunda,
pobre de mim! Qual o destino — qual! —
que inda me espera? Trouxe há pouco tempo
meu filho nos meus braços — ai de mim! —
e vejo aqui em frente outro cadáver!   1440
Ah! Mãe desventurada! Ah! Filho meu!

2º MENSAGEIRO

Ela cerrou as pálpebras, envolta em trevas
ferindo-se com fina faca ao pé do altar,
depois de lamentar a morte gloriosa
de Megareu,[44] primeiro morto, e logo a deste,   1445
amaldiçoando-te nos últimos momentos,
a ti, ao assassino de seus próprios filhos.

CREONTE

Ai! Infeliz de mim! Tremo de medo!
Por que alguém não me golpeia
no peito com uma espada de dois gumes?   1450
Sou um miserável — coitado de mim! —
abismado em misérias horrorosas!

2º MENSAGEIRO

A morta que aqui vês te atribuiu a culpa
desta calamidade e até da anterior.

CREONTE

Como lhe veio a morte violenta?   1455

2º MENSAGEIRO

Com as próprias mãos ela se apunhalou no fígado
logo que soube da desgraça atroz do filho.

CREONTE

Ai! Ai de mim! O autor destas desgraças
sou eu e nunca as atribuirão
a qualquer outro entre os mortais, pois eu,   1460
só eu as cometi, pobre de mim!
Fui eu, e falo apenas a verdade!
Levai-me imediatamente, escravos,
para bem longe, pois não sou mais nada!

CORIFEU

É boa a tua sugestão, se pode haver   1465
algo de bom entre tão numerosos males.
Quanto mais breve for o mal, tanto melhor.

CREONTE

Venha! Aconteça a última das mortes
— a minha! — e traga o meu dia final,
o mais feliz de todos! Venha! Venha,   1470
pois não quero viver nem mais um dia!

CORIFEU

Isto é futuro; antes, cuidemos do presente;
trate do resto quem tiver essa incumbência.

CREONTE

Já disse o meu desejo numa súplica.

CORIFEU

Nada mais peças, pois não podem os mortais   1475
livrar-se do destino a eles prefixado.

CREONTE

Levem para bem longe este demente
que sem querer te assassinou, meu filho,
e a ti também, mulher! Ai! Ai de mim!
Não sei qual dos dois mortos devo olhar   1480
nem para onde devo encaminhar-me!

Pondo as mãos sobre o cadáver de HÊMON.

Tudo perdi contigo, que ora sinto
em minhas mãos, e com nova desgraça
inda mais dura esmaga-me o destino!

CREONTE *é levado lentamente para o palácio.*

CORO

Acompanhando a lenta retirada de CREONTE.

Destaca-se a prudência sobremodo   1485
    como a primeira condição
para a felicidade. Não se deve
    ofender os deuses em nada.[45]
A desmedida empáfia nas palavras
    reverte em desmedidos golpes   1490
contra os soberbos que, já na velhice,
    aprendem afinal prudência.

FIM

Notas à *Antígona*

1. *Zeus:* o deus maior da mitologia grega (o Júpiter dos latinos).

2. Os detalhes relativos aos infortúnios de Édipo e de Jocasta constituem a parte final do *Édipo Rei*, de Sófocles.

3. Tebas era cercada de muralhas e se entrava na cidade através de sete portas, entre torres que formavam a "coroa da cidade" (veja-se o verso 133).

4. *Manancial de Dirce*: Tebas estava situada entre as nascentes de Dirce e o rio Ismeno.

5. Alusão aos penachos brancos que encimavam os elmos dos guerreiros de Argos, também ornados de "abundante crina" em sua parte posterior.

6. *Hefesto*: deus do fogo dos gregos (o Vulcano dos latinos).

7. *Ares:* o deus da guerra e das mortes violentas em geral na mitologia grega (o Marte dos latinos).

8. *Dragão tebano*: alusão à suposta origem dos primeiros habitantes de Tebas, que teriam nascido dos dentes de um dragão morto por Cadmos, fundador da cidade, ao chegar ao local onde ela se situaria. Dos dentes semeados teriam nascido soldados inteiramente armados, os primeiros tebanos.

9. *Baco*: um dos nomes de Diôniso, deus padroeiro de Tebas, condutor das Bacantes em suas danças delirantes, que faziam "tremer o chão de Tebas".

10. *Laio:* antigo rei de Tebas, pai de Édipo.

11. Sófocles revela magnificamente, nesta cena, sua arte de criar tipos, delineando-os com perfeição por meio apenas de suas próprias falas.

12. Práticas já usadas entre os gregos da idade heróica para provar a inocência de acusados.

13. É notável o contraste, certamente premeditado por Sófocles, entre o hino de exaltação dos poderes maravilhosos do homem diante da natureza, criando até as leis que regem os povos e mantêm os Estados, e a prisão de Antígona, logo após esse coro de louvores à sapiência humana. Veja-se, a propósito, Werner Jaeger, *Paideia*, página 259 da tradução espanhola (edição em um volume), que sublinha o uso da ironia trágica por Sófocles. A repetição "maravilhas... maravilhosa" (como inúmeras outras nas tragédias de Sófocles) está no original.

14. *Ela:* Antígona.

15. *Labdácidas:* descendentes de Lábdaco, pai de Laio e avô de Édipo.

16. *Tempo divino:* literalmente: "divinos meses".

17. *O deus dos mortos*: literalmente "Hades", divindade principal do reino das sombras para onde iam os mortos e, por extensão, a sua própria morada. No verso 919, "região das sombras" corresponde também a Hades no original.

18. *Para seus domínios:* literalmente "para as margens do Aquferonte", rio que os mortos atravessavam para nunca mais voltar, ao entrar no reino das sombras. No verso 911, "com o negro inferno", literalmente "com o Aquferonte".

19. *Filha de Tântalo:* Níobe. Segundo a lenda, orgulhosa com o número e a beleza de seus filhos, ela vangloriava-se de ser superior a Leto, mãe de Apolo e de Ártemis, que lhe exterminaram todos os filhos, menos Clóris. Níobe, de tanta dor, petrificou-se.

20. *Sípilo:* montanha da Frígia, pátria de Níobe.

21. Veja-se a nota 4.

22. *Três vezes manifesto:* alusão às desditas de três gerações dos labdácidas (Laio, Édipo e seus filhos).

260 A trilogia tebana

23. *Morte:* literalmente "Perséfone", mulher de Hades, deusa dos mortos.

24. *Tendo de opor-me a todos os concidadãos* é dito, aqui, em tom sarcástico, pois Antígona repete as palavras de Ismene no verso 88.

25. *Dânae:* filha de Acrísio, rei lendário de Argos, e de Eurídice. Seu pai, prevenido por um oráculo de que um filho de Dânae o mataria, quis evitar a consumação da predição e, para isso, encerrou a filha numa torre de bronze. Tudo foi inútil, pois Zeus, vencido pela beleza de Dânae, introduziu-se na torre transformado em chuva de ouro, fecundou a virgem e lhe deu um filho — Perseu —, que matou afinal o avô.

26. O filho de Drias é Licurgo que, por haver menosprezado o culto de Diôniso (veja-se a nota 9), foi cegado por Zeus e encerrado numa caverna no monte Pangeu pelos Edônios, seus súditos, por inspiração de Diôniso.

27. *Bacantes:* sacerdotisas de Diôniso, ou Baco, que celebravam o deus em danças e cantos orgiásticos.

28. *Águas Cianeias:* local em que ficavam as ilhotas rochosas situadas nas proximidades da passagem do mar Negro para o Bósforo.

29. *Salmideso,* baía do mar Negro.

30. Fineu, que tivera de Cleópatra dois filhos (Pléxipo e Pandion), abandonou a mulher para casar-se com outra. A madrasta furou os olhos dos dois filhos de Fineu e de Cleópatra e os encerrou numa caverna.

31. *Erecteidas:* descendentes do rei Erecteu, sexto rei de Atenas.

32. *Sardes:* Capital da Lídia, na Ásia Menor, famosa por suas riquezas e pelo luxo de seus habitantes.

33. *Virgem Cadmeia:* Semele, que, amada por Zeus, se tornou mãe de Diôniso, ou Baco.

34. *Deméter:* deusa da fecundidade da terra, cultuada principalmente no famoso templo de Eleusis (nas proximidades de Atenas).

35. *Ismeno:* rio que atravessa Tebas.

36. *Dragão feroz:* veja-se a nota 8.

37. *Ninfas Corícias:* ninfas habitantes da caverna Corícia, no monte Parnaso, onde também ficava a fonte Castália mencionada no verso 1253.

38. *Ruidoso passo:* o estreito do Euripo, entre a Eubeia e a Beócia.

39. *Tíades:* outro nome das Bacantes.

40. *Íaco:* epíteto de Baco, significando "ruidoso".

41. *Palas:* uma das designações de Atena, deusa da mitologia grega (a Minerva dos latinos).

42. *A deusa das encruzilhadas:* Hécate, deusa ligada às práticas mágicas. *Plutão:* um dos nomes de Hades.

43. *Alma desalmada:* o jogo de palavras, como todos os que abundam nas peças de Sófocles, está no original. Veja-se adiante o verso 1418.

44. *Megareu:* outro filho de Creonte e de Eurídice, morto na defesa de Tebas. A "calamidade anterior" referida no verso 1454 é a morte de Megareu.

45. Destaca-se em todas as tragédias de Sófocles a extrema religiosidade do autor, e seu respeito irrestrito às crenças tradicionais, inclusive aos oráculos.

Trabalhos publicados por Mário da Gama Kury

1. *Dicionário de mitologia grega e romana,* Rio de Janeiro, Zahar, 8ª ed., 2009.
2. "O grego no 2º milênio a.C.", in *Revista Filológica* n.7, 1957.
3. Introdução à *Oração da coroa* de Demóstenes, na tradução de Adelino Capistrano, Rio de Janeiro, Edições de Ouro, 1965.
4. Introdução às *Vidas de Alexandre e César* de Plútarcos, na tradução de Hélio Veiga, Rio de Janeiro, Edições de Ouro, 1965.

Traduções do grego com introdução e notas

5. Aristófanes. *As nuvens, Só para mulheres, Um deus chamado dinheiro*, Rio de Janeiro, Zahar, 3ª ed., 2003.
6. Aristófanes, *As vespas, As aves, As rãs,* Rio de Janeiro, Zahar, 3ª ed., 2004.
7. Aristófanes, *A greve do sexo* e *A revolução das mulheres*, Rio de Janeiro, Zahar, 7ª ed., 2008.
8. Marco Aurélio, *Meditações,* Rio de Janeiro, Edições de Ouro, 1967.
9. Aristófanes, *A paz* — Menandro, *O misantropo,* Rio de Janeiro, Edições de Ouro, 1968.
10. Tucídides, *História da guerra do Peloponeso,* Brasília, Editora UnB, 3ª ed., 1988.
11. Aristóteles, *Política,* Brasília, Editora UnB, 1985.
12. Aristóteles, *Ética a Nicômacos,* Brasília, Editora UnB, 1985.
13. Políbios, *História,* Brasília, Editora UnB, 2ª ed., 1988.
14. Herôdotos, *História,* Brasília, Editora UnB, 2ª ed., 1988.
15. Diôgenes Laêrtios, *Vidas e doutrinas dos filósofos ilustres,* Brasília, Editora UnB, 1988.
16. Sófocles, *A trilogia tebana* — *Édipo Rei, Édipo em Colono, Antígona*, Rio de Janeiro, Zahar, 14ª ed., 2009.
17. Ésquilo, *Oréstia* — *Agamêmnon, Coéforas, Eumênides*, Rio de Janeiro, Zahar, 7ª ed., 2006.
18. Eurípides, *Medéia, Hipólito, As Troianas,* Rio de Janeiro, Zahar, 7ª ed., 2007.
19. Ésquilo, *Os persas* — Sófocles, *Electra* — Eurípides, *Hécuba,* Rio de Janeiro, Zahar, 6ª ed., 2008.
20. Eurípides, *Ifigênia em Áulis, As fenícias, As bacantes*, Rio de Janeiro, Zahar, 5ª ed., 2005.
21. Ésquilo, *Prometeu acorrentado* — Sófocles, *Ájax* — Eurípides, *Alceste*, Rio de Janeiro, Zahar, 6ª ed., 2009.

Outras traduções

22. Jacqueline de Romilly, *Fundamentos de literatura grega,* Rio de Janeiro, Zahar, 1984.

23. Sir Paul Harvey, *Dicionário Oxford de literatura clássica grega e latina*, Rio de Janeiro, Zahar, 1987.
24. Marcel Detienne, *A escrita de Orfeu*, Zahar, 1991.
25. J.V. Luce, *Curso de filosofia grega*, Zahar, 1994.

1ª EDIÇÃO [1990] 25 reimpressões

ESTA OBRA FOI COMPOSTA POR TOP TEXTOS EDIÇÕES GRÁFICAS
EM MINION E STONE SANS E IMPRESSA EM OFSETE PELA
GRÁFICA BARTIRA SOBRE PAPEL ALTA ALVURA DA SUZANO S.A.
PARA A EDITORA SCHWARCZ EM FEVEREIRO DE 2024

 A marca FSC® é a garantia de que a madeira utilizada na fabricação do papel deste livro provém de florestas que foram gerenciadas de maneira ambientalmente correta, socialmente justa e economicamente viável, além de outras fontes de origem controlada.